Rechtsfragen rund um den Flughafen

Stiftung juristische Weiterbildung Zürich

Rechtsfragen rund um den Flughafen

Referate einer Tagung vom 2. September 2004

Herausgegeben von Tobias Jaag

Schulthess § 2004

Bibliografische Information ‹Der Deutschen Bibliothek›
Die Deutsche Bibliothek verzeichnet diese Publikation in der Deutschen Nationalbibliografie;
detaillierte bibliografische Daten sind im Internet über ‹http://dnb.ddb.de› abrufbar.

© Schulthess Juristische Medien AG, Zürich · Basel · Genf 2004
  ISBN 3 7255 4878 1

www.schulthess.com

Vorwort

Die nachfolgend abgedruckten Texte sind die Referate, welche anlässlich einer Tagung der Stiftung für juristische Weiterbildung Zürich vom 2. September 2004 zum Thema Rechtsfragen rund um den Flughafen gehalten wurden. Ziel der Tagung und der hier wiedergegebenen Referate war bzw. ist es, die komplexe Rechtslage der schweizerischen Flughäfen zu erörtern und damit zu einer rechtlichen Klärung der Situation insbesondere am Flughafen Zürich beizutragen.

Im Anschluss an einen einleitenden Beitrag zu den Grundlagen des schweizerischen „Flughafenrechts" werden internationalrechtliche Fragen, Aspekte des Raumplanungs- und Umweltrechts sowie Entschädigungsfragen behandelt. Das Einführungsreferat von Hans Peter Staffelbach, dipl. Ing. ETH, Mitglied der Geschäftsleitung der Unique (Flughafen Zürich AG), über den Flughafen Zürich – Fakten und Zahlen ist nicht in den Tagungsband aufgenommen worden; es diente der Orientierung über die tatsächliche Situation am Flughafen Zürich und behandelte keine Rechtsfragen.

Ich danke der Autorin und den Autoren für ihre Bereitschaft, ihre Referate für den vorliegenden Sammelband in bereinigter Form zur Verfügung zu stellen. Herrn lic. iur. Alain Fischbacher, Frau lic. iur. Iris Widmer und Frau Sabine Meier danke ich für die formelle Überprüfung und Vereinheitlichung der Texte und Verzeichnisse und den Herren Werner Stocker und Bénon Eugster von der Schulthess Juristische Medien AG für die verlegerische Betreuung.

Zürich, 15. November 2004   Tobias Jaag

Inhaltsverzeichnis

Die schweizerischen Flughäfen:
Rechtsgrundlagen, Organisation und Verfahren   31

Dr. iur. TOBIAS JAAG
Rechtsanwalt, Professor an der Universität Zürich

Der Flughafen Zürich und die Auseinandersetzung mit der
Bundesrepublik Deutschland über den An- und Abflug:
The right to fly vs. the right to sleep   57

Dr. iur. REGULA DETTLING-OTT
Rechtsanwältin, Professorin an der Universität Bern, Winterthur

Auswirkungen des Luftverkehrsabkommens zwischen der
Schweiz und der Europäischen Gemeinschaft auf die Flughäfen   81

lic. iur. SIMON HIRSBRUNNER
Rechtsanwalt, Brüssel

Bau und Betrieb eines Flughafens:
Raumplanungsrechtliche Aspekte   97

Dr. iur. ALAIN GRIFFEL
Rechtsanwalt, Amtschef der Baurekurskommissionen des Kantons Zürich,
Privatdozent an der Universität Zürich

Bau und Betrieb eines Flughafens:
Umweltrechtliche Aspekte   117

Dr. iur. PETER ETTLER
Rechtsanwalt, Zürich

Literatur

Bei mehreren Werken eines Autors oder einer Autorin wird mit dem *kursiv* gesetzten Stichwort zitiert.

AEMISEGGER HEINZ/KUTTLER ALFRED/MOOR PIERRE/RUCH ALEXANDER (Hrsg.), Kommentar zum Bundesgesetz über die Raumplanung, Zürich 1999 (Kommentar RPG)

AUBERT JEAN-FRANÇOIS/EICHENBERGER KURT/MÜLLER JÖRG PAUL/RHINOW RENÉ A./SCHINDLER DIETRICH (Hrsg.), Kommentar zur Bundesverfassung der Schweizerischen Eidgenossenschaft vom 29. Mai 1874, Basel/Zürich/Bern 1987 ff. (Kommentar aBV).

AUER ANDRÉ, Das Abkommen über den Luftverkehr: eine politische Würdigung, in: Felder/Kaddous 435 ff.

BALTENSPERGER PETER, Untersuchung der luft- und verkehrspolizeilichen Befugnisse des Flughafenhalters am Beispiel des interkontinentalen Flughafens Zürich-Kloten, Diss., Basel 1984

BANDLI CHRISTOPH, Neue Verfahren im Koordinationsgesetz: Ausgleich von Schutz und Nutzen mittels Interessenabwägung, URP 15/2001, 511 ff.

BENTZIEN JOACHIM, Das *Abkommen* zwischen der EG und der Schweiz über den Luftverkehr, ZLW 49/2000, 467 ff.

BENTZIEN JOACHIM, Der deutsch-schweizerische *Vertrag* über die Durchführung der schweizerischen Flugverkehrskontrolle im süddeutschen Luftraum und über Auswirkungen des Zürcher Flughafenbetriebes auf deutsches Hoheitsgebiet, ZLW 51/2002, 493 ff.

BEUSCH MICHAEL, Bemerkungen zu BGE 125 I 182, AJP 8/1999, 1461 ff.

BITTLINGER HORST, Die EU-Ratsrichtlinie 96/67/EG – ein taugliches Instrument zur Erweiterung des Zuganges zum Markt der Bodenverkehrsdienste an Flughäfen der Europäischen Union?, in: Festschrift für Werner Guldimann, Neuwied/Kriftel/Berlin 1997, 7 ff.

BOSONNET ROGER, Sachplanung des Bundes: Auf dem Weg zu einer ausgewogenen Berücksichtigung von Nutz- und Schutzinteressen? (Nachdiplomarbeit an der ETH Zürich, September 2003, vervielfältigt)

BOVET CHRISTIAN, Utilisation souterraine et aérienne du domaine public, in: François Bellanger/Thierry Tanquerel (Hrsg.), Le domaine public, Genf/Zürich/Basel 2004, 67 ff.

BOVEY GREGORY, L'expropriation des droits de voisinage, Diss. (Lausanne), Bern 2000

BÜHLMANN LUKAS, *Art. 13*, in: Kommentar RPG

BÜHLMANN LUKAS, *Verbindlichkeit* und Wirkung von Richt- und Sachplänen, URP 15/2001, 391 ff.

CHANSON ROBERT HENRI, Schutz vor Lärm der Grossflughäfen Genf und Zürich nach schweizerischem Recht, Diss., Zürich 1980

CHENG BIN, The Law of International Air Transport, London/New York 1962

DETTLING-OTT REGULA, *Zulassungszwang* auf schweizerischen Flughäfen, ASDA/ SVLR-Bulletin 1992/2 Nr. 113, 1 ff.

DETTLING-OTT REGULA, Internationales und schweizerisches *Lufttransportrecht*, Zürich 1993

DETTLING-OTT REGULA, Der *Anflug* auf Zürich über deutsches Gebiet, NZZ vom 23./24. September 2000, 15 (Auszug aus einem unveröffentlichten Gutachten)

DETTLING-OTT REGULA, *Abkommen* über den Luftverkehr, in: Daniel Thürer/Rolf H. Weber/Roger Zäch (Hrsg.), Bilaterale Verträge Schweiz – EG. Ein Handbuch, Zürich 2002, 459 ff.

DETTLING-OTT REGULA, *Anflüge und Überflüge*: Zum Anwendungsbereich des Transit-Abkommens von 1944, ASDA/SVLR-Bulletin 2002/2 Nr. 133, 18 ff.

DILGER PETER, Raumplanungsrecht der Schweiz, Zürich 1982

DÜRR DAVID, Fluglärm und Mietvertrag, AJP 10/2001, 394 ff.

EHRENZELLER BERNHARD/MASTRONARDI PHILIPPE/SCHWEIZER RAINER J./VALLENDER KLAUS A. (Hrsg.), Die schweizerische Bundesverfassung. Kommentar, Zürich/ Basel/Genf/Lachen SZ 2002 (Kommentar BV)

ETTLER PETER, Die *Polizeirechtsetzung* gegen Luftfahrtimmissionen in der Schweiz, Diss., Zürich 1979

ETTLER PETER, *Sachpläne* des Bundes – die raumplanerische und umweltschutzrechtliche Einbettung von Grossprojekten. Sachpläne Alptransit (Kanton Uri) und Infrastruktur Luftfahrt als Fallbeispiele, URP 15/2001, 352 ff.

ETTLER PETER/LÜTHY CORNELIA, Vereinbarkeit von fluglärmbedingten Nutzungsbeschränkungen mit der Eigentumsgarantie, AJP 12/2003, 972 ff.

EYMANN URS, Grundzüge des Enteignungsrechts in der Schweiz, URP 17/2003, 555 ff.

FAHRLÄNDER KARL LUDWIG, Zur Abgeltung von Immissionen aus dem Betrieb öffentlicher Werke unter Berücksichtigung des Bundesgesetzes über den Umweltschutz, Diss., Bern 1985

FELDER DANIEL/KADDOUS CHRISTINE (Hrsg.), Bilaterale Abkommen Schweiz – EU (Erste Analysen), Basel/Genf/München/Brüssel 2001

FROHNMEYER ALBRECHT/MÜCKENHAUSEN PETER, EG-Verkehrsrecht, München 2002 (Loseblattsammlung)

GROB EDUARD, Die Enteignung für Anlagen, Einrichtungen und Vorkehren der Bodenorganisation nach dem Bundesgesetz über die Luftfahrt vom 21. Dezember 1948, Diss. (Zürich), Winterthur 1962

HÄFELIN ULRICH/MÜLLER GEORG, Allgemeines Verwaltungsrecht, 4. Aufl., Zürich/Basel/Genf 2002

HALDIMANN URS, *Grundzüge* des Abkommens über den Luftverkehr, in: Felder/Kaddous 443 ff.

HALDIMANN URS, Das *Luftverkehrsabkommen* zwischen der Schweiz und der Europäischen Gemeinschaft, in: Frohnmeyer/Mückenhausen, Ziff. 152

HALLER WALTER/KARLEN PETER, Raumplanungs-, Bau- und Umweltrecht, Bd. I, 3. Aufl., Zürich 1999

HÄNER ISABELLE, Flughafen Zürich-Kloten: Unzulässigkeit der Öffnung des Südens für den Flugverkehr?, URP 16/2002, 136 ff.

HÄNNI PETER, *Bemerkungen* zu BGE 126 II 522, BR 2001, 55 ff.

HÄNNI PETER, *Planungs-, Bau- und besonderes Umweltschutzrecht*, 4. Aufl., Bern 2002

HESS HEINZ/WEIBEL HEINRICH, Das Enteignungsrecht des Bundes. Kommentar, 2 Bände, Bern 1986

HEUBERGER GÜNTER, Die Luftverkehrsabkommen der Schweiz, Diss., Zürich 1992

HIGI PETER, Fluglärm und mietrechtlicher Mangel, BR 2002, 152 ff.

HIRSBRUNNER SIMON, Die kartellrechtlichen Bestimmungen des Abkommens über den Luftverkehr, in: Felder/Kaddous 463 ff.

HODEL ANDRES, *Rechtsfragen* und wirtschaftliche Probleme der schweizerischen Flughäfen am Beispiel des Flughafens Zürich, Schweizerisches Archiv für Verkehrswissenschaft und Verkehrspolitik 24/1969, 122 ff.

HODEL ANDRES, *Kompetenzfragen* im schweizerischen Flughafenrecht, ASDA/SVLR-Bulletin 1971/2 Nr. 57, 3 ff.

HOFMANN ROBERT, Die Grenzwerte für Fluglärm – kritisch betrachtet, URP 14/2000, 851 ff.

JAAG TOBIAS, Öffentliches *Entschädigungsrecht*. Gemeinsamkeiten und Unterschiede zwischen verschiedenen Formen öffentlichrechtlicher Entschädigungen, ZBl 98/1997, 145 ff.

JAAG TOBIAS, Der *Flughafen* Zürich im Spannungsfeld von lokalem, nationalem und internationalem Recht, in: Festschrift für Martin Lendi, Zürich 1998, 203 ff.

JAGMETTI RICCARDO, Art. 22[quater], in: Kommentar aBV (1988)

KELLER PETER M., Zulässigkeit und Rechtsfolgen von neuem Fluglärm in Wohnregionen, URP 16/2002, 3 ff.

KNAPP BLAISE, Grundlagen des Verwaltungsrechts, 2 Bände, Basel/Frankfurt a.M. 1993

KÖLZ ALFRED/HÄNER ISABELLE, Verwaltungsverfahren und Verwaltungsrechtspflege des Bundes, 2. Aufl., Zürich 1998

Kommentar aBV, vgl. AUBERT u.a.

Kommentar BV, vgl. EHRENZELLER u.a.

Kommentar RPG, vgl. AEMISEGGER u.a.

Kommentar USG, vgl. VEREINIGUNG FÜR UMWELTRECHT u.a.

KÖPFLI M., Schweizerisches Flugplatzrecht, Zürich 1947

LAHUSEN MARC, Die unerlaubte Handlung durch Immissionen nach Art. 138 IPRG. Eine rechtsvergleichende Studie unter besonderer Berücksichtigung der umwelt- und verwaltungsrechtlichen Probleme von Flughäfen und Flugverkehr, Diss., Zürich 2001

LENDI MARTIN, Art. 37ter, in: Kommentar aBV (1987)

LORETAN THEO, Art. 56 und 57, in: Kommentar USG

LÜBBEN NATALIE/OHLHOFF STEFAN/WOLFRUM RÜDIGER, Zugang zu grenznahen Flughäfen. Gedanken zum An- und Abflug nach Zürich über Deutschland, ZLW 50/2001, 350 ff.

LÜCKE ALEXANDER, Bilaterale Luftverkehrsabkommen im Lichte des Gemeinschafts- rechts, Frankfurt a.M. u.a. 2000

MAJER DIEMUT, Zwischen Brüssel und Chigaco: zur Situation des schweizerischen Luftverkehrs, AJP 12/2003, 1395 ff.

MENDES DE LEON PABLO, Legal implications of access to Zurich airport through South Germany's airspace (Gutachten zu Handen des Eidgenössischen Departe- ments für Umwelt, Verkehr, Energie und Kommunikation UVEK; einsehbar unter: www.aviation.admin.ch/aktuell/medienmitteilungen/00435/index.html?lan, besucht am 4. November 2004)

MENZI DANIEL, Luftfahrt und Umwelt. Die Zuständigkeit des Bundes auf dem Gebiet der Zivilluftfahrt im Lichte der Raumplanung, des Umweltschutzes, des Natur- und Heimatschutzes sowie des Gewässerschutzes, Diss. (Bern), Olten 1988

MERKER RUDOLF, Der Grundsatz der „vollen Entschädigung" im Enteignungsrecht, Diss., Zürich 1975

MEYER ALEX, Der Kampf um die Freiheit der Luft, in: ders., Luftrecht in fünf Jahr- zehnten. Ausgewählte Schriften, Köln u.a. 1961, 239 ff.

MILDE MICHAEL, Legal *Opinion* on the transit flights over the territory of Germany to/from Zurich Airport (unveröffentlichtes Gutachten zu Handen der deutschen Bundesregierung), 2000

12

MILDE MICHAEL, *Chicago Convention* at Sixty – Stagnation or Renaissance?, erscheint im ASDA/SVLR-Bulletin 2004/1 Nr. 136

MUGGLI RUDOLF, Art. 4, in: Kommentar RPG

MÜLLER GEORG, Art. 22ter, in: Kommentar aBV (1987)

MÜLLER JÖRG PAUL/WILDHABER LUZIUS, Praxis des Völkerrechts, 3. Aufl., Bern 2001

MÜLLER WALTER JÜRG, Ansprüche aus Fluglärmimmissionen in der Umgebung von Flughäfen nach schweizerischem Recht, Diss. (Basel), Bern 1987

NETTESHEIM MARTIN, Die EG-Dienstleistungsfreiheit für Luftfahrtunternehmen, ZLW 51/2002, 240 ff.

NIEJAHR MICHAEL, Air Transport Law of the European Community and its Importance for Switzerland, ASDA/SVLR-Bulletin 1997/2 Nr. 123, 4 ff.

NIEJAHR MICHAEL, *Kommentierung* der Verordnung (EWG) Nr. 2407/92 des Rates über die Erteilung von Betriebsgenehmigungen an Luftfahrtunternehmen, der Verordnung (EWG) Nr. 2408/92 des Rates über den Zugang von Luftfahrtunternehmen der Gemeinschaft zu Strecken des innergemeinschaftlichen Flugverkehrs sowie der Verordnung (EWG) Nr. 2409/92 des Rates über Flugpreise und Luftfrachtraten, in: Frohnmeyer/Mückenhausen, Ziff. 152

NOELPP CHRISTIAN, Der Flughafen Basel-Mülhausen, BJM 1984, 113 ff.

OLIVA CARL/HÜTTENMOSER CORNELIA/LÜKING JOST, Liberalisierung im Luftverkehr: Folgen für die Schweiz, Bern 2000

PAULI JEAN-CHARLES/BUERGISSER MICHEL, Protection des individus et bruit des avions, plädoyer 2003/5, 66 ff.

RAUSCH HERIBERT/KELLER PETER, Art. 9, in: Kommentar USG

RAUSCH HERIBERT/MARTI ARNOLD/GRIFFEL ALAIN/HALLER WALTER, Umweltrecht, Zürich/Basel/Genf 2004

RIVA ENRICO, Hauptfragen der materiellen Enteignung, Habil., Bern 1990

RODUNER HERMANN, Grundeigentumsbeschränkungen zugunsten von Flughäfen mit besonderer Berücksichtigung des Flughafens Zürich, Diss., Zürich 1984

RUCH ALEXANDER, Einleitung, in: Kommentar RPG

VON SCHULTHESS H.C., Rechtsfragen zur Abfertigung von Passagieren und ihrem Gepäck auf den Schweizer Flughäfen, insbesondere auf dem Flughafen Zürich, ASDA/SVLR-Bulletin 1994/1 Nr. 116, 4 ff.

SCHWENK WALTER, *Problems* of Airports in the vicinity of Foreign States, Annals of Air and Space Law 3/1978, 225 ff.

SCHWENK WALTER, Handbuch des *Luftverkehrsrecht*s, 2. Aufl., Köln u.a. 1996

SHAWCROSS CHRISTOPHER NYHOLM/BEAUMONT KENNETH MACDONALD u.a., Air Law, 4. Aufl., London 1977 ff., Issue 96 (2004), Vol. I₃.

SIMON ANSGAR, Die Privatisierung des Flughafens Zürich und ihre Auswirkungen, Chavannes-près-Renens 2002

SPOENDLIN KASPAR, Schweizerische Lufthoheit und Fluglärm um den Flughafen Basel-Mulhouse, ZBl 94/1993, 285 ff.

TSCHANNEN PIERRE, Art. 1, 2, 3, 6–12, in: Kommentar RPG

VALLENDER KLAUS A., Art. 26, in: Kommentar BV

VERDROSS ALFRED/SIMMA BRUNO, Universelles Völkerrecht, 3. Aufl., Berlin 1984

VEREINIGUNG FÜR UMWELTRECHT/KELLER HELEN (Hrsg.), Kommentar zum Umweltschutzgesetz, 2. Aufl., Zürich/Basel/Genf 1998 ff. (Kommentar USG)

WOLF ROBERT, Art. 22, 25, in: Kommentar USG

WÜGER DANIEL, Die direkte *Anwendbarkeit* staatsvertraglicher Normen, in: Thomas Cottier/Alberto Achermann/Daniel Wüger/Valentin Zellweger, Der Staatsvertrag im schweizerischen Verfassungsrecht, Bern 2001, 93 ff.

WÜGER DANIEL, Anwendbarkeit und *Justiziabilität* völkerrechtlicher Normen im schweizerischen Recht: Grundlagen, Methoden und Kriterien, Diss., Bern 2004

WYSK PETER, Rechtsschutz bei der Festlegung von Flugrouten – die Rechtslage in Deutschland unter Berücksichtigung des Betriebs grenznaher ausländischer Flughäfen, AJP 12/2003, 270 ff.

ZÄCH CHRISTOPH/WOLF ROBERT, Art. 20, in: Kommentar USG

ZURKINDEN PHILIPP/SCHOLTEN EVA, State Aids in Switzerland: The Air Transport Agreement between the EU and Switzerland, European State Aid Law Quarterly 2/2004, 217 ff.

ZÜST MARTIN, Die Mietzinsherabsetzung bei Mängeln am Beispiel des Fluglärms, MP 2003, 145 ff.

Rechtsquellen

Bund (Landes- und Völkerrecht)

101	Bundesverfassung der Schweizerischen Eidgenossenschaft vom 18. April 1999 (BV)
172.010	Regierungs- und Verwaltungsorganisationsgesetz (RVOG) vom 21. März 1997
172.021	Bundesgesetz über das Verwaltungsverfahren vom 20. Dezember 1968 (VwVG)
173.110	Bundesgesetz über die Organisation der Bundesrechtspflege (Bundesrechtspflegegesetz, OG) vom 16. Dezember 1943
210	Schweizerisches Zivilgesetzbuch vom 10. Dezember 1907 (ZGB)
220	Schweizerisches Obligationenrecht vom 30. März 1911 (OR)
700	Bundesgesetz über die Raumplanung (Raumplanungsgesetz, RPG) vom 22. Juni 1979
700.1	Raumplanungsverordnung (RPV) vom 28. Juni 2000
711	Bundesgesetz über die Enteignung (EntG) vom 20. Juni 1930
748.0	Bundesgesetz über die Luftfahrt (Luftfahrtgesetz, LFG) vom 21. Dezember 1948
748.122	Verordnung über Sicherheitsmassnahmen im Luftverkehr (VSL) vom 31. März 1993
748.131.1	Verordnung über die Infrastruktur der Luftfahrt (VIL) vom 23. November 1994
748.132.1	Verordnung über den Flugsicherungsdienst (VFSD) vom 18. Dezember 1995
814.01	Bundesgesetz über den Umweltschutz (Umweltschutzgesetz, USG) vom 7. Oktober 1983
814.011	Verordnung über die Umweltverträglichkeitsprüfung (UVPV) vom 19. Oktober 1988
814.318.142.1	Luftreinhalte-Verordnung (LRV) vom 16. Dezember 1985
814.41	Lärmschutz-Verordnung (LSV) vom 15. Dezember 1986

0.748.0	Übereinkommen über die internationale Zivilluftfahrt vom 7. Dezember 1944 (Chicago-Übereinkommen)
0.748.111.2	Vereinbarung über den Transit internationaler Luftverkehrslinien vom 7. Dezember 1944 (Transit-Abkommen)
0.748.127.192.68	Abkommen zwischen der Schweizerischen Eidgenossenschaft und der Europäischen Gemeinschaft über den Luftverkehr vom 21. Juni 1999 (Luftverkehrsabkommen Schweiz - EG)
0.748.131.913.6	Regelung zwischen der Schweiz und der Bundesrepublik Deutschland für An- und Abflüge zum/vom Flughafen Zürich über deutsches Hoheitsgebiet vom 17. September 1984 (aufgehoben)
0.748.131.934.92	Französisch-schweizerischer Staatsvertrag über den Bau und Betrieb des Flughafens Basel-Mülhausen in Blotzheim vom 4. Juli 1949

ABl EU L 240 vom 24.8.1992, 8 ff.	Verordnung (EWG) Nr. 2408/92 des Rates über den Zugang von Luftfahrtunternehmen der Gemeinschaft zu Strecken des innergemeinschaftlichen Flugverkehrs vom 23. Juli 1992
ABl EU L 272 vom 25.10.1996, 36 ff.	Richtlinie 96/67/EG des Rates über den Zugang zum Markt der Bodenabfertigungsdienste auf den Flughäfen der Gemeinschaft vom 15. Oktober 1996
ABl EU L 85 vom 28.3.2002, 40 ff.	Richtlinie 2002/30/EG des Europäischen Parlaments und des Rates über Regeln und Verfahren für lärmbedingte Betriebsbeschränkungen auf Flughäfen der Gemeinschaft vom 26. März 2002
AS 2004, 2899 ff.	Beschluss Nr. 3/2004 des Luftverkehrsausschusses Gemeinschaft/Schweiz zum Abkommen vom 21. Juni 1999 zwischen der Europäischen Gemeinschaft und der Schweizerischen Eidgenossenschaft über den Luftverkehr vom 22. April 2004 (betr. Anwendung der RL 2002/30/EG)

Flughafen Zürich

230	Einführungsgesetz zum Schweizerischen Zivilgesetzbuch (EG ZGB)
700.1	Gesetz über die Raumplanung und das öffentliche Baurecht (Planungs- und Baugesetz) vom 7. September 1975 (PBG)
748.1	Gesetz über den Flughafen Zürich (Flughafengesetz) vom 12. Juli 1999
748.3	Flughafenfondsgesetz vom 20. August 2001
BBl 2001, 2381	Betriebskonzession für den Flughafen Zürich-Kloten vom 31. Mai 2001
	Betriebsreglement für den Flughafen Zürich vom 31. Mai 2001

Flughafen Genf

H 3 25	Loi sur l'aéroport international de Genève (LAIG) du 10 juin 1993
H 3 25.01	Règlement d'application de la loi sur l'aéroport international de Genève (RAIG) du 13 décembre 1993
FF 2001, 2251	Concession fédérale d'exploitation pour l'Aéroport International de Genève du 31 mai 2001
	Règlement d'exploitation de l'Aéroport International de Genève du 6 avril 2001

Judikatur

Bundesgericht

BGE 130 II 394 ff. = URP 18/2004, 491 ff.
Verjährung von Entschädigungsforderungen wegen Fluglärm (Flughafen Zürich)

1A.72/2003 vom 4.11.2003
Materielle Enteignung; Voraussetzungen der Nichteinzonung

1A.21/2003 vom 29.9.2003 = URP 18/2004, 165 ff.
Umzonung innerhalb einer Bauzone beim Flughafen Genf

1A.108/2003 vom 9.9.2003
Bauverbot wegen Lärmeinwirkungen eines Flughafens (Genf)

BGE 129 II 331 ff. = URP 17/2003, 332 ff.
Betriebskonzession und Betriebsreglement (Flughafen Samedan)

BGE 129 II 72 ff.
Enteignung von Nachbarrechten wegen Lärmeinwirkungen eines Flughafens (Genf)

BGE 128 II 292 ff.
Änderung des Betriebsreglements für ein Helikopterflugfeld

BGE 128 II 231 ff.
Enteignung von Nachbarrechten wegen Lärmeinwirkungen eines Flughafens (Genf)

BGE 127 II 306 ff.
Änderung des Betriebsreglements für ein Flugfeld (Schänis)

BGE 126 II 522 ff. = BR 2001, 55 ff. = URP 15/2001, 117 ff.
Baukonzession für den Ausbau des Flughafens Zürich

BGE 125 II 643 ff. = URP 14/2000, 337 ff.
Betriebskonzession und Rahmenkonzession (Flughafen Lugano-Agno)

ZBl 101/2000, 83 ff. = URP 13/1999, 245 ff.
Änderung einer Betriebskonzession (Flughafen Bern-Belp)

BGE 125 I 182 ff. = AJP 8/1999, 1461 ff. = URP 13/1999, 236 ff.
Emissionsabhängige Landegebühr (Flughafen Zürich)

BGE 124 II 543 ff. = URP 12/1998, 754 ff.
Enteignung von Nachbarrechten wegen Lärmeinwirkungen eines Flughafens (Genf)

BGE 124 II 293 ff. = URP 12/1998, 658 ff.
Rahmenkonzession für den Ausbau des Flughafens Zürich

BGE 124 II 75 ff. = URP 12/1998, 137 ff.
Luftfahrtrechtliche Baukonzession für die Erstellung einer Parkdeckanlage (Flughafen Zürich)

BGE 123 II 481 ff.
Enteignung von Nachbarrechten und materielle Enteignung wegen Lärmeinwirkungen eines Flughafens (Zürich)

BGE 122 II 349 ff.
Enteignung von Nachbarrechten wegen Lärmeinwirkungen eines Flughafens (Genf)

BGE 122 II 337 ff.
Enteignung von Nachbarrechten wegen Lärmeinwirkungen eines Flughafens (Genf)

BGE 122 II 17 ff.
Materielle Enteignung durch Lärmzonenplan (Flughafen Genf)

BGE 121 II 317 ff.
Enteignung von Nachbarrechten und materielle Enteignung wegen Lärmeinwirkungen eines Flughafens (Genf)

BGE 120 Ib 70 ff. = URP 8/1994, 83 ff.
Verfahren für die Schaffung einer Flughafenzone (Genf)

BGE 118 Ib 530 ff. = URP 7/1993, 163 ff.
Nachtflugbewilligung für gewerbsmässigen Nichtlinienverkehr (Flughafen Zürich)

BGE 117 Ib 399 ff.
Benutzungsrechte zum Betrieb einer Helikopterbasis auf einem Flughafen (Verfahrensfragen; Flughafen Zürich)

BGE 117 Ib 387 ff.
Einräumung von Benutzungsrechten an Dritte durch Flughafenkonzessionär (Zürich)

BGE 110 Ib 368 ff.
Materielle und formelle Enteignung wegen Fluglärm (Flughafen Genf)

ZBl 84/1983, 365 ff.
Zuständigkeit zur Bewilligung von Bau- und Betriebsbewilligungen für technische Anlagen (Flugsicherungsdienst, Flughafen Zürich)

BGE 104 Ib 307 ff.
Genehmigung von Flugplänen; Rechtsschutz, Legitimation (Flughafen Genf)

ZBl 72/1971, 427 ff.
Bedrohung einer Gemeinde in ihrer Existenz durch Ausbau des Flughafens (Zürich)

BGE 81 I 35 ff.
Flugplatzgebühren (Flughafen Genf)

Bundesbehörden und Rekurskommissionen

Reko WEF, RPW 2004, 859 ff.
Missbrauch einer marktbeherrschenden Stellung durch den Flughafenhalter (Zürich)

Reko UVEK, VPB 67/2003 Nr. 131 = URP 17/2003, 838 ff.
Plangenehmigungsverfahren für Pistenverlängerung (Flughafen Bern-Belp)

Reko UVEK, VPB 65/2001 Nr. 116
Abgrenzung zwischen Bauten und Anlagen, die ganz oder überwiegend dem Flugbetrieb dienen, und Nebenanlagen (Restaurant auf Flugfeld)

Reko UVEK, VPB 64/2000 Nr. 118 und 119 = URP 14/2000, 818 ff.
Änderung des Betriebsreglements für den Flughafen Zürich (Verfahrensfragen)

Bundesrat, VPB 39/1975 Nr. 35
Änderung einer Flughafenkonzession (Zürich und Genf)

Bundesrat, VPB 37/1973 Nr. 27
Flughafengebühren

Bundesrat, VPB 37/1973 Nr. 26
Stellung des Flughafenkonzessionärs

Kantonale Gerichte

Einzelrichter des Mietgerichts Bülach, MRA 2003, 55 ff.
Fluglärm als Mangel einer Mietsache

Einzelrichterin in Mietsachen des Bezirksgerichts Bülach, MRA 2002, 20 ff. = MP 2002, 29 ff.
Fluglärm als Mangel einer Mietsache

Verwaltungsgericht Zürich, RB 2001 Nr. 62 = URP 15/2001, 494 ff.
Nichtgenehmigung eines Quartierplans in einer Flughafenanrainer-Gemeinde infolge der Lärmbelastung

Verwaltungsgericht Zürich, RB 2001 Nr. 60
Auszonung wegen Fluglärm

Verwaltungsgericht Zürich, BEZ 20/2000 Nr. 35 (= URP 14/2000, 724 f.)
Nichtgenehmigung einer Neueinzonung in Flughafenanrainer-Gemeinde

Verwaltungsgericht Aargau, AGVE 1989, 208 ff.
 Kompetenzen der Kantone bei der Erteilung von Konzessionen und Bewilligungen für Flughäfen (Birrfeld)

Obergericht Zürich, ZR 75/1976 Nr. 23
 Haftung für Flugsicherung

Internationale Instanzen

Kommission der Europäischen Union, ABl EU L 4 vom 8.1.2004, 13 ff.
 Deutsche Massnahmen bezüglich An-/Abflüge zum/vom Flughafen Zürich

Europäische Kommission für Menschenrechte, VPB 62/1998 Nr. 94
 Menschenrechtsverletzung durch Lärmimmissionen eines Flughafens (Basel-Mülhausen)

Materialien

Vertrag zwischen der Schweizerischen Eidgenossenschaft und der Bundesrepublik Deutschland über die Durchführung der Flugverkehrskontrolle durch die Schweizerische Eidgenossenschaft über deutschem Hoheitsgebiet und über Auswirkungen des Betriebes des Flughafens Zürich auf das Hoheitsgebiet der Bundesrepublik Deutschland vom 18. Oktober 2001 (BBl 2002, 3406 ff.; von der Bundesversammlung nicht genehmigt)

Sachplan Infrastruktur der Luftfahrt (SIL) vom 18. Oktober 2000 (Teile I–III B mit Anhängen) und vom 30. Januar 2002/14. Mai 2003/18. August 2004 (Teil III C, 1.–3. Serie), hrsg. vom Bundesamt für Zivilluftfahrt (BAZL) und vom Bundesamt für Raumentwicklung (ARE), einsehbar unter: www.uvek.admin.ch/verkehr/sil (besucht am 21. Oktober 2004)

Bericht über die Luftfahrtpolitik der Schweiz 2004. Konsultationsversion 26. Juli 2004 (UVEK), einsehbar unter: www.uvek.admin.ch/imperia/md/content/gs_uvek2/d/verkehr/sil/8.pdf (besucht am 10. November 2004)

Internet-Adressen

www.aviation.admin.ch
www.unique.ch

Abkürzungen

A.A.	Anderer Ansicht
ABl EU, ABlEU	Amtsblatt der Europäischen Union
Abs.	Absatz
aBV	Bundesverfassung der Schweizerischen Eidgenossenschaft vom 29. Mai 1874
AG	Aktiengesellschaft
AGVE	Aargauische Gerichts- und Verwaltungsentscheide
AIP	Aeronautical Information Publication (Luftfahrthandbuch)
AJP	Aktuelle Juristische Praxis
A.M., a.M.	anderer Meinung; am Main
ARE	Bundesamt für Raumentwicklung
Art.	Artikel
AS	Amtliche Sammlung des Bundesrechts
ASDA/SVLR	Association suisse pour le droit aérien et spatial/ Schweizerische Vereinigung für Luft- und Raumrecht
Aufl.	Auflage
BAZL	Bundesamt für Zivilluftfahrt
BBl	Bundesblatt
betr.	betreffend
BEZ	Baurechtsentscheide Kanton Zürich
BGBl	(Deutsches) Bundesgesetzblatt
BGE	Entscheidungen des Schweizerischen Bundesgerichts, Amtliche Sammlung
BGHZ	(Deutscher) Bundesgerichtshof in Zivilsachen
BGr	Bundesgericht
BJM	Basler Juristische Mitteilungen
BR	Baurecht
BS	Bereinigte Sammlung der Bundesgesetze und Verordnungen 1848-1947

BUWAL	Bundesamt für Umwelt, Wald und Landschaft
BV	Schweizerische Bundesverfassung (SR 101)
BVerfG	(Deutsches) Bundesverfassungsgericht
bzw.	beziehungsweise
ca.	circa
ChÜ	Chicago-Übereinkommen (SR 0.748.0)
dB	Dezibel
ders.	derselbe
d.h.	das heisst
Diss.	Dissertation
E.	Erwägung(en)
EG	Europäische Gemeinschaft
EG ZGB	Einführungsgesetz zum Schweizerischen Zivilgesetzbuch (Kanton Zürich; LS 230)
eidg.	eidgenössisch
EMPA	Eidgenössische Materialprüfungs- und Forschungsanstalt
EntG	Enteignungsgesetz (SR 711)
ES	Empfindlichkeitsstufe
ETH	Eidgenössische Technische Hochschule
etc.	et cetera
EU	Europäische Union
EuGH	Gerichtshof der Europäischen Gemeinschaften
EVED	Eidgenössisches Verkehrs- und Energiedepartement (heute: UVEK)
EWG	Europäische Wirtschaftsgemeinschaft (heute: EG)
EWR	Europäischer Wirtschaftsraum
ff.	folgende
FF	Feuille fédérale (französische Ausgabe des Bundesblatts)
FN	Fussnote
Habil.	Habilitationsschrift
Hrsg., hrsg.	Herausgeber, herausgegeben von

IATA	International Air Transport Association
ICAO	International Civil Aviation Organisation (Internationale Zivilluftfahrtsorganisation)
IFR	Instrumental Flight Rules
IGW	Immissionsgrenzwerte
ILS	Instrumentenlande-System
insb.	insbesondere
i.S.v.	im Sinne von
i.V.m.	in Verbindung mit
LAIG	Loi sur l'aéroport international de Genève (RSG H 3 25)
Leq	Energieäquivalenter Dauerschallpegel (Masseinheit für eine über einen bestimmten Zeitraum gemittelte durchschnittliche Lärmbelastung)
LFG	Luftfahrtgesetz (SR 748.0)
lit.	litera (Buchstabe)
Lr	Beurteilungspegel zur Beschreibung von Lärmimmissionen im Sinne der LSV (vgl. Art. 38 sowie für den Lärm von zivilen Flugplätzen Ziff. 31 und 41 des Anhangs 5 der LSV). Es wird aus Berechnungen oder Messungen in dB(A) Leq sowie aus Korrekturfaktoren (für die Lästigkeit bestimmter Geräusche) gebildet.
LRV	Luftreinhalte-Verordnung (SR 814.318.142.1)
LS	Loseblatt-(Gesetzes-) Sammlung des Kantons Zürich
LSV	Lärmschutz-Verordnung (SR 814.41)
LVA	Luftverkehrsabkommen Schweiz - EG (SR 0.748.127.192.68)
MP	Mietrechtspraxis
MRA	MietRecht Aktuell
N.	Note
NAT	Noise above threshold (Fluglärmbelastungsmass)
No_x	Stickoxide
No_2	Stickstoffdioxid
Nr.	Nummer
NZZ	Neue Zürcher Zeitung

OG	Bundesrechtspflegegesetz (SR 173.110)
OR	Schweizerisches Obligationenrecht (SR 220)
PBG	Planungs- und Baugesetz (Kanton Zürich; LS 700.1)
Pra	Die Praxis
PW	Planungswerte
RB	Rechenschaftsbericht des Verwaltungsgerichts Zürich
Reko INUM	Eidgenössische Rekurskommission für Infrastruktur und Umwelt (bisher: Reko UVEK)
Reko UVEK	Rekurskommission des Eidgenössischen Departements für Umwelt, Verkehr, Energie und Kommunikation (heute: Reko INUM)
Reko WEF	Rekurskommission für Wettbewerbsfragen
resp.	respektive
RL	Richtlinie
Rn.	Randnote
RPG	Raumplanungsgesetz (SR 700)
RPV	Raumplanungsverordnung (SR 700.1)
RPW	Recht und Politik des Wettbewerbs
RSG	Recueil systématique de la législation genevoise
RVOG	Regierungs- und Verwaltungsorganisationsgesetz (SR 172.010)
Rz.	Randziffer
SIL	Sachplan Infrastruktur der Luftfahrt
Slg.	Sammlung der Rechtsprechung des Gerichtshofs der Europäischen Gemeinschaften
sog.	so genannt
SR	Systematische Sammlung des Bundesrechts
TA	Transit-Abkommen (SR 0.748.111.2)
VFR	Visual Flight Rules
u.a.	und andere, unter anderem
UNRIAA	UN Reports of International Arbitral Awards
URP	Umweltrecht in der Praxis
USG	Umweltschutzgesetz (SR 814.01)

UVB	Umweltverträglichkeitsbericht
UVEK	Eidgenössisches Departement für Umwelt, Verkehr, Energie und Kommunikation
UVP	Umweltverträglichkeitsprüfung
UVPV	Verordnung über die Umweltverträglichkeitsprüfung (SR 814.011)
VFR	Visual Flight Rules
VFSD	Verordnung über den Flugsicherungsdienst (SR 748.132.1)
vgl.	vergleiche
VIL	Verordnung über die Infrastruktur der Luftfahrt (SR 748.131.1)
VO(en)	Verordnung(en)
VPB	Verwaltungspraxis der Bundesbehörden
VR	Verwaltungsrekurs
VwVG	Bundesgesetz über das Verwaltungsverfahren (SR 172.021)
z.B.	zum Beispiel
ZBl	Schweizerisches Zentralblatt für Staats- und Verwaltungsrecht
ZGB	Schweizerisches Zivilgesetzbuch (SR 210)
Ziff.	Ziffer
ZLW	Zeitschrift für Luft- und Weltraumrecht
ZR	Blätter für Zürcherische Rechtsprechung

Die schweizerischen Flughäfen: Rechtsgrundlagen, Organisation und Verfahren

Tobias Jaag[*]

---

[*] Ich danke Herrn lic. iur. ALAIN FISCHBACHER für seine engagierte und kompetente Unterstützung. – Vgl. für Literatur, Rechtsquellen, Judikatur, Materialien und Abkürzungen die Verzeichnisse vorn in diesem Band.

I.   Ausgangspunkt

Ein Flughafen ist ein sehr komplexes Gebilde, nicht nur baulich und betrieblich, sondern auch rechtlich. Rechtsfragen rund um den Flughafen berühren ein weites Feld von Rechtsgebieten.

Die Aufgabe der vorliegenden Einführung besteht darin, eine Übersicht über die Rechtsgrundlagen und die Organisation der schweizerischen Flughäfen zu geben und die Verfahren bei Planung, Bau und Betrieb von Flughäfen zu beleuchten. Diese Ausführungen bilden die Grundlage für die anschliessenden Beiträge über einzelne rechtliche Aspekte im Zusammenhang mit den Flughäfen in der Schweiz.

II.   Rechtsgrundlagen

A.   Luftfahrtrecht

Die Schweizerische Bundesverfassung bezeichnet die Gesetzgebung über die Luftfahrt als Sache des Bundes. Wie für die anderen Verkehrsträger[1] besteht eine umfassende Bundeskompetenz im Bereich der Luftfahrt[2]. Von dieser Kompetenz hat der Bund mit dem Erlass des Luftfahrtgesetzes von 1948[3] Gebrauch gemacht. Das Luftfahrtgesetz bildet den Rahmenerlass für die Regelung des Luftverkehrs sowie für dessen Infrastruktur am Boden. Es wird durch zahlreiche Verordnungen ergänzt. Für die Infrastruktur am Boden ist insbesondere die Verordnung des Bundesrates über die Infrastruktur der Luftfahrt (Infrastrukturverordnung)[4] von Bedeutung; diese regelt gestützt auf eine Delegation im Luftfahrtgesetz[5] Bau und Betrieb von Flugplätzen sowie von

---

[1]   Eisenbahnen, Seilbahnen, Schifffahrt und Raumfahrt (Art. 87 BV) sowie Strassenverkehr (Art. 82 BV).
[2]   Vgl. dazu LENDI, Art. 37ter N. 2 ff.
[3]   Bundesgesetz über die Luftfahrt (Luftfahrtgesetz, LFG) vom 21. Dezember 1948 (SR 748.0).
[4]   Verordnung über die Infrastruktur der Luftfahrt (VIL) vom 23. November 1994 (SR 748.131.1).
[5]   Art. 36 Abs. 1 LFG.

Flugsicherungsanlagen. Weitere Verordnungen befassen sich mit dem Flugsicherungsdienst sowie mit den Sicherheitsmassnahmen im Luftverkehr[6].

Das Luftfahrtrecht ist aus zwingenden Gründen in erheblichem Ausmass Gegenstand *internationaler Vereinbarungen*[7]. Eine zentrale Rolle spielt das *Chicago-Abkommen* von 1944 über die internationale Zivilluftfahrt[8]; dessen Anhänge enthalten Normen und Empfehlungen über Flugplätze, Luftfahrthindernisse und Flugsicherungsanlagen, die in der Schweiz unmittelbar anwendbar sind[9]. Das gleichzeitig mit dem Chicago-Abkommen abgeschlossene *Transit-Abkommen*[10] betrifft die Flughäfen ebenfalls. Das *Luftverkehrsabkommen zwischen der Schweiz und der Europäischen Gemeinschaft* von 1999[11] ist für die schweizerischen Flughäfen auch von Bedeutung[12]; es erklärt unter anderen eine EU-Richtlinie über die Bodenabfertigungsdienste[13] und neuerdings eine solche über lärmbedingte Betriebsbeschränkungen auf Flughäfen[14] für die Schweiz als verbindlich.

Daneben gibt es *Abkommen mit den Nachbarstaaten*, so bis vor kurzem eine Regelung zwischen der Schweiz und der Bundesrepublik Deutschland über An- und Abflüge zum und vom Flughafen Zürich[15]. Dieses wurde von Deutschland gekündigt und hätte durch einen neuen Vertrag von 2001 abgelöst werden sollen[16]. Nachdem die Bundesversammlung diesem Abkommen

---

6   Verordnung über den Flugsicherungsdienst (VFSD) vom 18. Dezember 1995 (SR 748.132.1); Verordnung über Sicherheitsmassnahmen im Luftverkehr (VSL) vom 31. März 1993 (SR 748.122).

7   Vgl. dazu DETTLING-OTT, Lufttransportrecht; HEUBERGER.

8   Übereinkommen über die internationale Zivilluftfahrt vom 7. Dezember 1944 (SR 0.748.0). Mit Flughäfen befassen sich insbesondere die Art. 68 ff.

9   Anhänge 10 und 14; vgl. Art. 3 Abs. 1bis VIL.

10   Vereinbarung über den Transit internationaler Luftverkehrslinien vom 7. Dezember 1944 (Transit-Abkommen; SR 0.748.111.2).

11   Abkommen zwischen der Schweizerischen Eidgenossenschaft und der Europäischen Gemeinschaft über den Luftverkehr vom 21. Juni 1999 (SR 0.748.127.192.68). Vgl. dazu AUER, DETTLING-OTT, Abkommen, sowie HALDIMANN, Grundzüge.

12   Vgl. dazu den Beitrag von SIMON HIRSBRUNNER in diesem Band.

13   Richtlinie 96/67/EG des Rates über den Zugang zum Markt der Bodenabfertigungsdienste auf den Flughäfen der Gemeinschaft vom 15. Oktober 1996 (ABl EU L 272 vom 25.10.1996, 36 ff.); vgl. Art. 29a VIL.

14   Richtlinie 2002/30/EG des Europäischen Parlaments und des Rates über Regeln und Verfahren für lärmbedingte Betriebsbeschränkungen auf Flughäfen der Gemeinschaft vom 26. März 2002 (ABl EU L 85 vom 28.3.2002, 40 ff.).

15   Regelung zwischen der Schweiz und der Bundesrepublik Deutschland für An- und Abflüge zum/vom Flughafen Zürich über deutsches Hoheitsgebiet vom 17. September 1984 (SR 0.748.131.913.6). Vgl. dazu BGE 124 II 293 ff., 308 ff.

16   Vertrag zwischen der Schweizerischen Eidgenossenschaft und der Bundesrepublik Deutschland über die Durchführung der Flugverkehrskontrolle durch die Schweizerische Eidgenossenschaft über deutschem Hoheitsgebiet und über Auswirkungen des

die Genehmigung verweigert hat, besteht ein vertragsloser Zustand. Dies veranlasste Deutschland zum Erlass der berühmten einseitigen Massnahmen[17].

B. Raumplanungs- und Umweltrecht

Flughäfen wirken sich in massgeblicher Weise auf die Besiedlung und auf die Umwelt aus. Sie fallen deshalb unter die Raumplanungs- und Umweltgesetzgebung[18].

Im *Raumplanungsrecht* sind vor allem das Raumplanungsgesetz und die Raumplanungsverordnung des Bundes[19] von Bedeutung. Gestützt auf das Raumplanungsgesetz erlässt der Bundesrat den Sachplan Infrastruktur der Luftfahrt (SIL)[20].

Aus dem *Umweltrecht* ist neben dem Umweltschutzgesetz[21] insbesondere die Lärmschutz-Verordnung[22] relevant; in deren Anhang sind die Lärmgrenzwerte für Flughäfen festgesetzt[23], welche die Grundlage bilden für die Lärmbelastungskataster[24]. Gestützt auf das Umweltschutzgesetz und die Luftreinhalte-Verordnung[25] werden Massnahmenpläne Lufthygiene erlassen, in welchen Flughäfen einen prominenten Platz einnehmen[26]. Im Zusammenhang mit dem Bau und Betrieb von Flughäfen spielt die Verordnung über die Umweltver-

---

Betriebes des Flughafens Zürich auf das Hoheitsgebiet der Bundesrepublik Deutschland vom 18. Oktober 2001 (BBl 2002, 3406 ff.).

[17] 213. Durchführungsverordnung zur deutschen Luftverkehrs-Ordnung vom 15. Januar 2003; vgl. dazu Entscheidung der Kommission der Europäischen Gemeinschaften vom 5. Dezember 2003, ABl EU L 4 vom 8.1.2004, 13 ff.; ferner BGE 126 II 522 ff., 537, sowie den Beitrag von REGULA DETTLING-OTT in diesem Band.

[18] Vgl. dazu die Beiträge von ALAIN GRIFFEL und PETER ETTLER in diesem Band.

[19] Bundesgesetz über die Raumplanung (Raumplanungsgesetz, RPG) vom 22. Juni 1979 (SR 700); Raumplanungsverordnung (RPV) vom 28. Juni 2000 (SR 700.1).

[20] Sachplan Infrastruktur der Luftfahrt (SIL) vom 18. Oktober 2000/30. Januar 2002/ 14. Mai 2003 (www.uvek.admin.ch/verkehr/sil, besucht am 20. Oktober 2004).

[21] Bundesgesetz über den Umweltschutz (Umweltschutzgesetz, USG) vom 7. Oktober 1983 (SR 814.01).

[22] Lärmschutz-Verordnung (LSV) vom 15. Dezember 1986 (SR 814.41).

[23] Anhang 5 zur LSV. Vgl. dazu BGE 126 II 522 ff., 573 ff.

[24] Art. 37 LSV; dazu BGE 126 II 522 ff., 595 ff.

[25] Luftreinhalte-Verordnung (LRV) vom 16. Dezember 1985 (SR 814.318.142.1).

[26] Art. 31 ff. LRV; dazu BGE 126 II 522 ff., 550 ff.; BGE 124 II 293 ff., 341 ff. Eine Verordnung des UVEK enthält überdies die massgebenden Regelungen betreffend Emissionen von Luftfahrzeugen: Verordnung des UVEK über die Emissionen von Luftfahrzeugen (VEL) vom 10. Januar 1996 (SR 748.514.3); sie ist für die Flugplätze allerdings nur mittelbar von Bedeutung.

träglichkeitsprüfung[27] eine Rolle; Flugplätze sind UVP-pflichtige Anlagen[28]. Für die Lagerung von Flugtreibstoff sowie die Betankung und Enteisung der Flugzeuge ist auch das Gewässerschutzrecht von Bedeutung[29]. Je nach Lage eines Flugplatzes können schliesslich das Natur- und Heimatschutzgesetz[30] sowie das Waldgesetz[31] zur Anwendung gelangen.

C. Enteignungs-, Haftungs- und Verfahrensrecht

Die erheblichen Immissionen rund um Flughäfen haben oft Bauverbote oder rechtliche bzw. faktische Nutzungsbeschränkungen zur Folge und führen damit zu Wertverminderungen von Liegenschaften. In diesem Zusammenhang bilden das Enteignungsgesetz des Bundes sowie die Bestimmungen des Raumplanungsgesetzes über die materielle Enteignung wichtige Rechtsgrundlagen[32].

Bei Schädigungen auf Flughäfen kann überdies das Verantwortlichkeitsgesetz des Bundes[33] von Bedeutung sein[34].

Für Verfahren und Rechtsmittel gelangen – soweit es keine Sonderbestimmungen gibt – die allgemeinen Regelungen des Regierungs- und Verwal-

---

27 Verordnung über die Umweltverträglichkeitsprüfung (UVPV) vom 19. Oktober 1988 (SR 814.011).

28 Ziff. 14 des Anhangs zur UVPV.

29 Bundesgesetz über den Schutz der Gewässer (Gewässerschutzgesetz, GSchG) vom 24. Januar 1991 (SR 814.20); Verordnung über den Schutz der Gewässer vor wassergefährdenden Flüssigkeiten (VWF) vom 1. Juli 1998 (SR 814.202). Vgl. zur Enteisung BGE 124 II 293 ff., 354 f.

30 Bundesgesetz über den Natur- und Heimatschutz (NHG) vom 1. Juli 1966 (SR 451); vgl. z.B. BGE 129 II 331 ff., 342 ff., betr. den Flughafen Samedan.

31 Bundesgesetz über den Wald (Waldgesetz, WaG) vom 4. Oktober 1991 (SR 921).

32 Art. 44 LFG; Bundesgesetz über die Enteignung (EntG) vom 20. Juni 1930 (SR 711); Art. 5 RPG. Vgl. dazu die Beiträge von ROLAND GFELLER und JÜRG SIGRIST in diesem Band.

33 Bundesgesetz über die Verantwortlichkeit des Bundes sowie seiner Behördemitglieder und Beamten (Verantwortlichkeitsgesetz) vom 14. März 1958 (VG; SR 170.32).

34 So gemäss Art. 4 des Betriebsreglements für den Flughafen Zürich vom 31. Mai 2001. Vgl. z.B. Obergericht Zürich, ZR 75/1976 Nr. 23.

tungsorganisationsgesetzes[35], des Verwaltungsverfahrensgesetzes[36] sowie des Bundesrechtspflegegesetzes[37] zur Anwendung.

D. Kantonales Recht

In geringem Mass ist im Zusammenhang mit Flughäfen auch das kantonale Recht von Bedeutung. Im Kanton Zürich ist das insbesondere das Flughafengesetz[38]. Für den Flughafen Genf gibt es ein Flughafengesetz sowie ein Flughafenreglement[39]. Der Flughafen Basel-Mülhausen basiert auf Staatsvertragsrecht[40].

Das kantonale Raumplanungs- und Entschädigungsrecht spielt im Zusammenhang mit dem Flughafen ebenfalls eine Rolle[41].

---

[35] Regierungs- und Verwaltungsorganisationsgesetz (RVOG) vom 21. März 1997 (SR 172.010).

[36] Bundesgesetz über das Verwaltungsverfahren vom 20. Dezember 1968 (VwVG; SR 172.021).

[37] Bundesgesetz über die Organisation der Bundesrechtspflege (Bundesrechtspflegegesetz, OG) vom 16. Dezember 1943 (SR 173.110).

[38] Gesetz über den Flughafen Zürich (Flughafengesetz) vom 12. Juli 1999 (LS 748.1). Daneben gibt es die Verordnung zum Luftfahrtrecht des Bundes vom 4. Oktober 1995 (LS 748.2), deren Bestimmungen mit der Privatisierung des Flughafens jedoch weitgehend gegenstandslos geworden sind. Das Flughafenfondsgesetz vom 20. August 2001 (LS 748.3) regelt die Beschaffung der finanziellen Mittel für Enteignungsentschädigungen.

[39] Loi sur l'aéroport international de Genève (LAIG) vom 10. Juni 1993 (RSG H 3 25); Règlement d'application de la loi sur l'aéroport international de Genève (RAIG) vom 13. Dezember 1993 (RSG H 3 25.01).

[40] Französisch-schweizerischer Staatsvertrag über den Bau und Betrieb des Flughafens Basel-Mülhausen in Blotzheim vom 4. Juli 1949 (SR 0.748.131.934.92); innerstaatlich gibt es dazu die Vereinbarung zwischen der Schweizerischen Eidgenossenschaft ... und den Kantonen Basel-Stadt und Basel-Landschaft ... betreffend Zusammenarbeit bei der Wahrung der schweizerischen Interessen auf dem binationalen Flughafen Basel-Mülhausen (Zusammenarbeits-Vereinbarung) vom 25. November 1997/14. Januar 1998 (SR 748.134.4).

[41] Für den Kanton Zürich Gesetz über die Raumplanung und das öffentliche Baurecht (Planungs- und Baugesetz) vom 7. September 1975 (PBG; LS 700.1); Einführungsgesetz zum Schweizerischen Zivilgesetzbuch (EG ZGB) vom 2. April 1911 (LS 230).

III.   Flughäfen und ihre Organisation

A.   Arten von Flugplätzen

Das schweizerische Luftfahrtrecht unterscheidet zwei Kategorien von Flugplätzen: *Flughäfen* dienen dem öffentlichen Verkehr; sie sind verpflichtet,
Flugzeuge im nationalen und internationalen Verkehr zuzulassen (Zulassungszwang)[42]. *Flugfelder* stehen nur dem privaten Verkehr zur Verfügung;
für sie besteht kein Zulassungszwang[43].

Innerhalb der Kategorie der Flughäfen erfolgt eine Unterscheidung zwischen
Landesflughäfen und Regionalflughäfen. Die Vorschriften für Flughäfen gel-
ten allerdings weitestgehend in gleicher Weise für beide Kategorien[44]. *Lan-
desflughäfen* sind die Flughäfen Zürich[45] und Genf[46] sowie der Flughafen
Basel-Mülhausen (Europort). *Regionalflughäfen* sind Bern-Belp[47], Birrfeld
(Aargau)[48], Grenchen (Solothurn), Samedan (Graubünden)[49], Lugano-Agno[50],
Lausanne-Blécherette, Ecuvillens (Freiburg), Les Éplatures (Neuenburg) und
Sitten (Wallis)[51].

Die nachfolgenden Ausführungen beziehen sich in erster Linie auf die Landesflughäfen Zürich und Genf. Sie gelten zum Teil aber auch für den Flughafen Basel-Mülhausen sowie für die Regionalflughäfen.

---

[42] Art. 36a LFG; Art. 2 VIL.
[43] Art. 36b LFG; Art. 2 VIL.
[44] Eine Ausnahme bildet die Geltungsdauer für die Betriebskonzession, die für Landesflughäfen fünfzig, für Regionalflughäfen dreissig Jahre beträgt (Art. 13 VIL).
[45] Vgl. dazu z.B. BGE 130 II 394 ff.; BGE 126 II 522 ff.; 125 I 182 ff.; 124 II 75 ff. und
293 ff.; 123 II 481 ff.; 118 Ib 530 ff.; 117 Ib 387 ff. und 399 ff.; BGr, ZBl 84/1983, 365
ff.; Reko UVEK, VPB 64/2000 Nr. 118 und 119; Bundesrat, VPB 39/1975 Nr. 35.
[46] Vgl. dazu z.B. BGE 129 II 72 ff.; 124 II 543 ff.; 122 II 17 ff. und 349 ff.; 121 II 317
ff.; 120 Ib 70 ff.; 81 I 35 ff.; Bundesrat, VPB 39/1975 Nr. 35.
[47] Vgl. dazu z.B. Reko UVEK, VPB 67/2003 Nr. 131; BGr, ZBl 101/2000, 83 ff.
[48] Vgl. dazu z.B. AGVE 1989, 208 ff.
[49] Vgl. dazu z.B. BGE 129 II 331 ff.
[50] Vgl. dazu z.B. BGE 125 II 643 ff.
[51] Der Flugplatz St. Gallen-Altenrhein ist noch nicht als Regionalflughafen konzessio-
niert; in Bressaucourt (Jura) wird ein neuer Regionalflughafen geplant.

B.   Die schweizerischen Landesflughäfen

1.   Unmittelbar nach dem Zweiten Weltkrieg, in den Jahren 1945 und 1946, beschloss die Bundesversammlung grundsätzlich die Förderung des Baus von Zivilflugplätzen sowie die Gewährung von Bundesbeiträgen für den Bau der Flughäfen Genf-Cointrin und Zürich-Kloten[52]. Im Übrigen oblagen Bau und Betrieb der Flughäfen den betreffenden Kantonen.

Die Landesflughäfen sind gemäss dem Sachplan Infrastruktur der Luftfahrt die *nationalen Drehscheiben des internationalen Luftverkehrs*; sie bilden einen wesentlichen Bestandteil des schweizerischen Gesamtverkehrssystems[53].

2.   Der *Flughafen Zürich* wurde 1948 eröffnet. Während gut 50 Jahren hat der Kanton als Flughafenhalter den Flughafen betrieben. Die Flughafendirektion war damals in die Volkswirtschaftsdirektion integriert; der Flughafen war eine unselbständige öffentlichrechtliche Anstalt des Kantons[54].

Ende der Neunzigerjahre wurde durch das kantonale Flughafengesetz die Flughafen-Aktiengesellschaft gegründet und mit dem Betrieb des Flughafens betraut. Die *Unique (Flughafen Zürich AG)* ist seit 1. April 2000 Flughafenhalterin; sie ist ein gemischtwirtschaftliches Unternehmen gemäss Art. 762 OR[55]. Der Kanton Zürich hält heute noch rund 46% der Aktien der Unique; von Gesetzes wegen muss er mindestens einen Drittel des stimmberechtigten Aktienkapitals behalten und über mindestens einen Drittel der Sitze im Verwaltungsrat verfügen[56].

Dem Flughafen Zürich kommt unter den Landesflughäfen eine gewisse Vorrangstellung zu. Gemäss Sachplan Infrastruktur der Luftfahrt soll er „seine

---

[52]   Bundesbeschluss über den Ausbau der Zivilflugplätze vom 22. Juni 1945 (BS 7, 738 ff.); Bundesbeschluss über die Gewährung eines Bundesbeitrages für den Ausbau des Flughafens Genf-Cointrin vom 21. Juni 1945 (BS 7, 740 ff.); Bundesbeschluss über den Bau des interkontinentalen Flughafens Zürich-Kloten vom 13. Juni 1946 (BS 7, 742 ff.).

[53]   Vgl. Ziff. 2.2 der Erwägungen des UVEK zur Erteilung der Betriebskonzession für den Flughafen Zürich vom 31. Mai 2001.

[54]   Vgl. zur Entwicklung und früheren Rechtslage des Flughafens Zürich JAAG, Flughafen 205 ff.

[55]   § 2 Flughafengesetz.

[56]   §§ 7 und 8 Flughafengesetz.

Rolle als eine der grossen europäischen Drehscheiben des Weltluftverkehrs" („Hub") wahrnehmen können[57].

3.   Der *Flughafen Genf* ist ebenfalls nach dem Zweiten Weltkrieg erstellt und in Betrieb genommen worden. Er ist eine selbständige öffentlichrechtliche Anstalt des kantonalen Rechts und steht unter der Oberaufsicht des Staatsrates[58].

4.   Der *Flughafen Basel-Mülhausen* liegt auf französischem Gebiet. Er hat seine Rechtsgrundlage in einem Staatsvertrag zwischen der Schweiz und Frankreich von 1949. In diesem verpflichten sich die beiden Staaten, gemeinsam einen Zivilflughafen zu bauen und zu betreiben. Zu diesem Zweck wurde eine öffentlichrechtliche Unternehmung gegründet, welche dem französischen Recht untersteht. Ihr obliegen Bau und Betrieb des Flughafens[59]. Die Statuten der Gesellschaft bilden Bestandteil des Staatsvertrags[60].

C.   Am Betrieb von Flughäfen beteiligte Organisationen

Am Betrieb eines Flughafens sind zahlreiche Organisationen beteiligt[61].

Wichtigste Akteure sind neben dem Flughafenhalter die *Fluggesellschaften*; ohne sie läuft nichts auf einem Flughafen. Auf den schweizerischen Landesflughäfen hat die schweizerische Luftfahrtgesellschaft Swiss (früher die Swissair) eine sehr grosse Bedeutung; sie hat hier ihre Home Base. Im Jahr 2003 betrug der Anteil der Swiss am Verkehr im Flughafen Zürich sowohl mit Bezug auf die Passagiere als auch mit Bezug auf die Flugbewegungen knapp 60%; mehr als 100 weitere Gesellschaften fliegen Zürich im Linien- oder Charterverkehr an[62].

Für den Betrieb eines Flughafens erfüllt sodann der *Flugsicherungsdienst* eine zentrale Funktion. Diese Aufgabe obliegt in der Schweiz der Skyguide, Schweizerische Aktiengesellschaft für zivile und militärische Flugsiche-

---

57   Sachplan Infrastruktur der Luftfahrt, Teil III B1-B7-3; Ziff. 2.2 der Erwägungen des UVEK zur Erteilung der Betriebskonzession für den Flughafen Zürich vom 31. Mai 2001.
58   Art. 1 und 5 LAIG.
59   Art. 1 des Staatsvertrags.
60   Anhang 1 zum Staatsvertrag. Vgl. zu den Besonderheiten des Flughafens Basel-Mülhausen NOELPP und SPOENDLIN.
61   Vgl. zu den Aufsichtsinstanzen hinten IV.A.
62   Geschäftsbericht 2003 der Unique (Flughafen Zürich AG), 54.

rung[63]. Es handelt sich dabei um eine gemischtwirtschaftliche Aktiengesellschaft, welche zu fast 100% dem Bund gehört; die Gesellschaft ist nicht gewinnorientiert[64]. Sie erfüllt im Auftrag des Bundes hoheitliche (polizeiliche) Aufgaben. Sie leitet den Flugverkehr und ist unter anderem zuständig für die Fluginformation, den Fernmeldedienst, die Alarmierung und die Flugvermessung[65].

Hoheitliche Aufgaben erfüllen auch die *Polizei- und Zollorgane*. Die Kantonspolizei ist zuständig für die Sicherheit auf dem Flughafen, nimmt aber auch fremdenpolizeiliche Aufgaben wahr[66]. Das Zollinspektorat, eine eidgenössische Behörde, besorgt die Zollabfertigung von Passagieren und Fracht[67].

Zahlreiche *private Unternehmen* sind sodann verantwortlich für die Wartung der Flugzeuge, die Abfertigung von Passagieren und Fracht, die Bereitstellung der Bordverpflegung, die Betankung der Flugzeuge sowie für den Betrieb von Restaurants, Läden und Dienstleistungen zugunsten der Passagiere und Besucher des Flughafens[68]. Die Erschliessung der Flughäfen durch den öffentlichen und privaten Verkehr obliegt den Kantonen und Gemeinden, den Unternehmen des öffentlichen Verkehrs sowie den Versorgungsbetrieben. Der Flughafenhalter ist dafür verantwortlich, dass all diese Aufgaben wahrgenommen werden[69], dass also der Flughafen reibungslos funktioniert[70].

---

[63] Art. 2 Abs. 2 VFSD. Vgl. dazu GEORG MÜLLER, Wieviel der Bund bei Skyguide tun darf, NZZ vom 10. Juni 2004, 17.

[64] Art. 40 Abs. 2 LFG.

[65] Art. 1 Abs. 1 i.V.m. Art. 2 Abs. 2 und Anhang zur VFSD.

[66] Vgl. für Zürich § 5 Flughafengesetz sowie § 2 Abs. 2 der Kantonspolizeiverordnung vom 28. April 1999 (LS 551.11).

[67] Vgl. dazu die Luftzollordnung vom 7. Juli 1950 (SR 631.254.1); Zollvorschriften für den Flughafen Zürich vom 1. Januar 1998.

[68] Vgl. für den Flughafen Zürich Art. 128 ff. und Anhang 1 des Betriebsreglements vom 31. Mai 2001, inkl. Beilage 1.

[69] Vgl. dazu JAAG, Flughafen 222 ff.

[70] Art. 36a Abs. 2 LFG.

IV. Pläne, Bewilligungen, Konzessionen und Reglemente zum Bau und Betrieb von Flughäfen

A. Ausgangspunkt

Flughäfen müssen zahlreiche *Anforderungen luftfahrtrechtlicher, raumplanungsrechtlicher und umweltrechtlicher Natur* erfüllen. Sie müssen so ausgestaltet, organisiert und geführt sein, dass der Betrieb geordnet ist und die Sicherheit für Personen und Sachen bei der Bereitstellung der Flugzeuge, beim Ein- und Aussteigen, beim Beladen und Entladen, beim Rollen von Flugzeugen und Bodenfahrzeugen sowie bei An- und Abflügen stets gewährleistet ist[71]. Nachteilige Auswirkungen auf die natürlichen Lebensgrundlagen, die Bevölkerung und die Wirtschaft sind zu vermeiden oder zumindest gering zu halten[72]. Emissionen sind so weit zu begrenzen, als dies technisch und betrieblich möglich sowie wirtschaftlich tragbar ist[73].

Die Überwachung der Einhaltung all dieser Rahmenbedingungen für Bau und Betrieb eines Flughafens erfolgt durch die Aufsichtsbehörden des Bundes in erster Linie präventiv im Rahmen von *Bewilligungs- und Konzessionsverfahren*, die teils gleichzeitig, teils nacheinander zu durchlaufen sind.

Die *zuständigen Instanzen* des Bundes sind insbesondere das Departement für Umwelt, Verkehr, Energie und Kommunikation (UVEK) sowie das Bundesamt für Zivilluftfahrt (BAZL); das Bundesamt ist die Aufsichtsbehörde über die Infrastruktur der Luftfahrt[74]. Für Lärm- und andere Umweltfragen ist das Bundesamt für Umwelt, Wald und Landschaft (BUWAL) die zuständige Fachstelle des Bundes[75], für Aspekte der Raumplanung das Bundesamt für Raumentwicklung (ARE)[76].

---

[71] Art. 3 Abs. 1 VIL.
[72] Art. 3 Abs. 4 lit. c RPG.
[73] Art. 11 Abs. 2 USG; Art. 7 f. LSV; Art. 18 LRV; vgl. dazu BGE 124 II 293 ff., 328 f., 341.
[74] Art. 3 LFG; Art. 3b i.V.m. Art. 3 Abs. 3 VIL.
[75] Art. 42 Abs. 2 i.V.m. Art. 9 Abs. 7 USG.
[76] Art. 32 RPG.

B.   Sachplan Infrastruktur der Luftfahrt

Grundlage für Planung, Bau und Betrieb von Flughäfen bildet heute der Sachplan Infrastruktur der Luftfahrt (SIL), der gestützt auf das Raumplanungsgesetz vom Bundesrat erlassen wird[77]. Der Sachplan dient dazu, die räumliche Konzeption der Infrastruktur der Zivilluftfahrt festzulegen und mit anderen raumwirksamen Tätigkeiten abzustimmen. Er legt den Zweck, das Areal, die Grundzüge der Nutzung, die Erschliessung sowie die Rahmenbedingungen für den Betrieb der Infrastrukturanlagen für den zivilen, d.h. nicht-militärischen Luftverkehr fest[78].

Der Sachplan ist – wie die Richtplanung – für die Behörden aller Stufen sowie für den Flughafenhalter verbindlich; er muss bei der Raumplanung der Kantone und Gemeinden sowie beim Bau und Betrieb von Flughäfen und anderen Infrastrukturanlagen für den Luftverkehr berücksichtigt werden[79].

C.   Plangenehmigung

Flugplatzanlagen, d.h. Bauten und Anlagen, die ganz oder überwiegend dem Betrieb eines Flugplatzes dienen, unterliegen dem Plangenehmigungsverfahren[80]. Demgegenüber unterstehen *Nebenanlagen*, d.h. Bauten und Anlagen auf Flugplätzen, die nicht ganz oder überwiegend dem Flugplatzbetrieb dienen, einem kantonalen Verfahren nach kantonalem Recht[81].

Der Begriff der Nebenanlagen wird in der Praxis eng ausgelegt, der Begriff der Flugplatzanlage demgemäss weit. Flugplatzanlagen sind all jene Bauten und Anlagen, die aufgrund ihrer Zweckbestimmung örtlich und funktionell zum Flugplatz gehören und seinem ordnungsgemässen und reibungslosen

---

[77]   Art. 13 RPG; Art. 14 ff. RPV. Vgl. vorn FN 20; ferner ETTLER, Sachpläne, sowie der Beitrag von ALAIN GRIFFEL in diesem Band.

[78]   Art. 3a VIL.

[79]   Art. 22 RPV; Art. 36c Abs. 2 und Art. 37 Abs. 5 LFG; Art. 3a Abs. 1 VIL; vgl. dazu BGE 129 II 331 ff., 343 ff.

[80]   Art. 37 ff. LFG; Art. 27a ff. VIL. Das noch für die fünfte Ausbauetappe des Flughafens Zürich angewendete Verfahren mit Rahmenkonzession und Baukonzessionen (vgl. dazu insbesondere BGE 124 II 293 ff., 310 ff.; ferner BGE 126 II 522 ff., 535 ff.) ist durch das Plangenehmigungsverfahren abgelöst worden.

[81]   Art. 37m LFG. Die kantonale Behörde hat allerdings vor dem Entscheid über die Baubewilligung das BAZL anzuhören. Das BAZL ist überdies berechtigt, Verfügungen der kantonalen Behörden mit Rechtsmitteln auf kantonaler und eidgenössischer Ebene anzufechten.

Betrieb dienen[82]. Für die Qualifikation eines Bauvorhabens als Flugplatzanlage muss „ein sachimmanenter und unmittelbarer Zusammenhang mit dem Betrieb eines Flugplatzes oder eine räumlich nahe Beziehung der fraglichen Baute zum Flugverkehr" vorliegen[83]. Flugplatzanlagen sind demnach etwa Start- und Landepisten, Flughafengebäude, Hangare und Parkhäuser, ferner Sicherheitseinrichtungen wie Anflugbefeuerungen und Instrumentenlande-Systeme (ILS)[84]. Eine Nebenanlage könnte etwa ein Nachtklub am Rande des Flughafenareals sein, der vorwiegend der lokalen Bevölkerung und nicht in erster Linie den Flugpassagieren dient[85].

Das Plangenehmigungsverfahren ist ein *konzentriertes Verfahren*[86], im Rahmen von welchem bau-, planungs- und luftfahrtrechtliche Fragen entschieden und gleichzeitig enteignungsrechtliche Ansprüche beurteilt werden[87]. Im Rahmen des Plangenehmigungsverfahrens ist eine Umweltverträglichkeitsprüfung durchzuführen[88]. Mit der Plangenehmigung werden sämtliche nach Bundesrecht erforderlichen Bewilligungen erteilt. Kantonale Bewilligungen sind nicht erforderlich; das kantonale Recht ist jedoch soweit zu berücksichtigen, als es den Bau und Betrieb des Flugplatzes nicht unverhältnismässig einschränkt[89]. Leitbehörde und damit Genehmigungsinstanz für Flughäfen ist das UVEK[90].

---

82 Art. 2 VIL.
83 Reko UVEK, VPB 65/2001 Nr. 116, S. 1249; BGE 124 II 75 ff., 78 f. Im Eisenbahn-recht gilt die analoge Abgrenzung zwischen Eisenbahn- und Nebenanlagen; Art. 18 und 18m des Eisenbahngesetzes (EBG) vom 20. Dezember 1957 (SR 742.101); vgl. z.B. BGE 122 II 265 ff., 269 ff.
84 Das Erfordernis der Plangenehmigung für Flugsicherungsanlagen wird in Art. 40a LFG ausdrücklich statuiert.
85 Vgl. dazu auch Reko UVEK, VPB 65/2001 Nr. 116.
86 Mit dem Bundesgesetz über die Koordination und Vereinfachung von Entscheidverfahren vom 18. Juni 1999 (AS 1999, 3071 ff.) wurden die Verfahren nicht nur für Flughäfen, sondern auch für Eisenbahnen und weitere Verkehrsträger gestrafft und so weit wie möglich vereinheitlicht. Verschiedene Verfahren werden durch eine Leitbehörde koordiniert und durch einen Gesamtentscheid abgeschlossen. Die betroffenen Fachstellen werden in einem verwaltungsinternen Bereinigungsverfahren in die Beurteilung mit einbezogen. Art. 37g LFG i.V.m. Art. 62a ff. RVOG; vgl. dazu THOMAS WIPF, Das Koordinationsgesetz des Bundes. Die Koordination, Vereinfachung und Beschleunigung von bodenbezogenen Entscheidverfahren im Bund, Diss., Zürich 2001.
87 BGE 126 II 522 ff., 597 f.
88 Anhang zur UVPV, Ziff. 14.
89 Art. 37 Abs. 3 und 4 LFG; Art. 27d Abs. 2 VIL. Wie komplex solche Verfahren und die dabei zu berücksichtigenden Aspekte sein können, zeigen die neueren Urteile des Bundesgerichts zu Bauvorhaben auf Flughäfen, insbesondere BGE 126 II 522 ff.
90 Art. 37 Abs. 2 LFG. Plangenehmigungsbehörde für Flugfelder ist das BAZL.

D. Betriebskonzession

Für den Betrieb eines Flughafens muss beim UVEK eine Betriebskonzession eingeholt werden[91]. Für Landesflughäfen wird die Betriebskonzession für fünfzig Jahre erteilt[92]; nach deren Ablauf kann sie erneuert werden.

Mit der Konzession wird dem Flughafenhalter das Recht eingeräumt, einen Flughafen gewerbsmässig zu betreiben. Damit sind gewisse hoheitliche Befugnisse verbunden, nämlich das Recht, Gebühren zu erheben, sowie das Enteignungsrecht. Gleichzeitig wird der Konzessionär verpflichtet, den Flughafen nach Massgabe des Betriebsreglements für alle Luftfahrzeuge im nationalen und internationalen Verkehr zur Verfügung zu stellen, einen ordnungsgemässen und sicheren Betrieb zu gewährleisten sowie für die dafür erforderliche Infrastruktur zu sorgen[93].

Voraussetzung für die Erteilung und Erneuerung der Betriebskonzession ist, dass der Betrieb den Zielen und Vorgaben des Sachplans Infrastruktur der Luftfahrt (SIL) entspricht, dass der Gesuchsteller über die erforderlichen Fähigkeiten, Kenntnisse und Mittel verfügt, um die Verpflichtungen aus Gesetz, Konzession und Betriebsreglement zu erfüllen, und dass das Betriebsreglement genehmigt werden kann[94]. Mit dem Gesuch um Erteilung oder Erneuerung einer Betriebskonzession sind die entsprechenden Nachweise zu erbringen; überdies ist ein Entwurf des Betriebsreglements beizulegen[95].

Auch bei der *Erneuerung der Betriebskonzession* ist das Betriebsreglement zu überprüfen[96].

---

[91] Art. 36a LFG; Art. 10 ff. VIL. Für Flugfelder braucht es lediglich eine Betriebsbewilligung, die durch das BAZL erteilt wird; Art. 36b LFG; Art. 17 ff. VIL. Für die Flughäfen Zürich und Genf wurden die Betriebskonzessionen am 31. Mai 2001 erneuert; vgl. für Zürich BBl 2001, 2381; für Genf FF 2001, 2251.

[92] Art. 13 VIL. Für Regionalflughäfen beträgt die Geltungsdauer der Betriebskonzession dreissig Jahre.

[93] Art. 36a Abs. 2 und 4 LFG; Art. 10 Abs. 1 VIL. Vgl. dazu BGE 129 II 331 ff., 338 f. Nicht Gegenstand der Betriebskonzession bildet die Ausgestaltung des Betriebs und der Infrastruktur (Art. 10 Abs. 2 VIL); deren Festlegung ist Aufgabe des Betriebsreglements.

[94] Art. 12 VIL.

[95] Art. 11 VIL.

[96] Art. 14 Abs. 2 und 4 i.V.m. Art. 26 VIL. Vgl. dazu BGE 129 II 331 ff., 341 f. – Im Hinblick auf die Erneuerung der Betriebskonzessionen für die Flughäfen Zürich und Genf im Jahr 2001 hätte überdies eine Umweltverträglichkeitsprüfung durchgeführt werden müssen (Art. 74a Abs. 2 VIL), worauf dann trotzdem verzichtet wurde (Ziff. 1.3 der Erwägungen des UVEK zur Erteilung der Betriebskonzession für den Flughafen Zürich vom 31. Mai 2001).

Die Konzession kann entschädigungslos *entzogen* werden, wenn die Voraussetzungen für eine sichere Benutzung des Flughafens nicht mehr erfüllt sind oder wenn der Konzessionär seine Pflichten nicht mehr wahrnehmen will oder wiederholt in schwerer Weise verletzt hat. In diesen Fällen hat das Departement die erforderlichen Massnahmen zur Fortführung des Flughafenbetriebs anzuordnen[97].

E.   Betriebsreglement

Der Flugplatzhalter hat ein Betriebsreglement zu erlassen[98]. Dieses dient der Konkretisierung der im Sachplan Infrastruktur der Luftfahrt sowie in der Plangenehmigung und in der Betriebskonzession vorgegebenen Rahmenbedingungen. Insbesondere regelt das Betriebsreglement die Organisation des Flugplatzes, die Benutzungsverhältnisse mit Betriebszeiten, An- und Abflugverfahren und Verkehrsordnung auf dem Flughafenareal sowie die Bodenabfertigungsdienste und weitere gewerbliche und nichtgewerbliche Tätigkeiten[99]. Klarer als im früheren Recht ist in der gegenwärtigen Infrastrukturverordnung festgehalten, dass solche Fragen nicht Gegenstand der Betriebskonzession, sondern des Betriebsreglements bilden[100].

Das Betriebsreglement muss den Zielen und Vorgaben des Sachplans Infrastruktur der Luftfahrt entsprechen, die Vorgaben der Betriebskonzession und der Plangenehmigung umsetzen, die luftfahrtspezifischen Anforderungen sowie jene der Raumplanung und des Umwelt-, Natur- und Heimatschutzes erfüllen[101]. Im Gesuch zur Genehmigung des Betriebsreglements und von dessen Änderungen ist darzulegen, welche Auswirkungen das Reglement bzw. dessen Änderung auf den Betrieb sowie auf Raum und Umwelt hat. Soweit Änderungen der Umweltverträglichkeitsprüfung unterliegen, ist ein entsprechender Umweltverträglichkeitsbericht vorzulegen; andernfalls ist auf andere Weise nachzuweisen, dass die Umweltschutzvorschriften eingehalten

---

[97] Art. 16 VIL.

[98] Art. 36c LFG; Art. 23 ff. VIL. Das gilt sowohl für Flughäfen als auch für Flugfelder. Die derzeitigen Betriebsreglemente der Flughäfen Zürich und Genf wurden mit der Erneuerung der Betriebskonzession am 31. Mai 2001 durch das BAZL genehmigt. Die wesentlichen Vorschriften des Betriebsreglements sind im Luftfahrthandbuch (Aeronautical Information Publication, AIP) zu veröffentlichen (Art. 25 Abs. 2 VIL).

[99] Art. 36c Abs. 1 und 2 LFG; Art. 23 VIL. Vgl. zum Verhältnis zwischen Betriebsreglement und Kartellrecht Reko WEF, RPW 2004, 859 ff., 878.

[100] Art. 10 Abs. 2 und Art. 23 VIL. Vgl. dazu BGE 129 II 331 ff., 336 f.

[101] Art. 25 Abs. 1 lit. a-c VIL.

sind[102]. Wirken sich die Änderungen des Betriebsreglements auf den Flugbetrieb aus, sind Angaben zu machen, welche für die Festsetzung oder Anpassung der Hindernisbegrenzungs- und Lärmbelastungskataster erforderlich sind[103]. Gegebenenfalls sind die Sicherheitszonenpläne anzupassen[104].

Das Betriebsreglement wird durch den Flughafenhalter ausgearbeitet und bedarf der Genehmigung durch das BAZL[105]. Die Genehmigung des Betriebsreglements muss im Fall der Erstellung oder Änderung von Flugplatzanlagen mit der Plangenehmigung koordiniert werden[106].

Das Betriebsreglement kann – unter Einhaltung der Verfahrensvorschriften – *jederzeit geändert* werden[107]. Es muss veränderten tatsächlichen und rechtlichen Gegebenheiten Rechnung tragen. Falls erforderlich, kann das BAZL als Aufsichtsbehörde die Flughafenhalter auch auffordern, ihr Betriebsreglement zu ändern und die Revision zur Genehmigung vorzulegen, oder es kann selbst Änderungen anordnen[108].

Vorübergehende Abweichungen vom Betriebsreglement können vom Flugverkehrsleitdienst oder vom Flugplatzleiter angeordnet werden, wenn es besondere Umstände, namentlich die Verkehrslage oder die Flugsicherheit, erfordern[109].

F. Weitere Regelungen

Neben dem Betriebsreglement haben die Flughafenhalter weitere Regelungen zu erlassen, die der Aufsicht durch das Departement oder das Bundesamt unterliegen, so insbesondere die Gebührenordnungen[110] sowie Sicherheitszonenpläne[111]. Andere Regelungen werden durch das BAZL erlassen, so ergänzende Weisungen und Richtlinien betreffend Organisation, Ausgestaltung und

---

[102] Art. 24 lit. b VIL.
[103] Art. 24 lit. c VIL.
[104] Art. 24 lit. d VIL.
[105] Art. 36c Abs. 3 LFG.
[106] Art. 36c Abs. 4 LFG; Art. 27c Abs. 2 VIL.
[107] Ziff. II.5.a) der Erwägungen des BAZL zur Genehmigung des Betriebsreglements für den Flughafen Zürich vom 31. Mai 2001.
[108] Art. 26 VIL; BGE 129 II 331 ff., 341.
[109] Art. 27 VIL.
[110] Art. 33 VIL; vgl. dazu BGE 129 II 331 ff., 338 ff.
[111] Art. 71 ff. VIL.

Führung von Flugplätzen[112], die Pflichtenhefte der Flugplatzleiter[113] sowie Hindernisbegrenzungskataster[114].

G. Verfahrenskoordination

Die skizzierten Verfahren laufen nach geltendem Recht separat. Die Praxis geht davon aus, dass zunächst das Plangenehmigungsverfahren durchgeführt wird und die Betriebskonzession erst anschliessend erteilt oder angepasst wird[115]. Teilweise sind die Verfahren – allerdings noch nicht optimal – miteinander verknüpft[116]. So muss bei der Erteilung oder Erneuerung der Betriebskonzession ein Entwurf des Betriebsreglements vorliegen[117], und auch im Plangenehmigungsverfahren sind Angaben über die Auswirkungen des Bauvorhabens auf den Betrieb des Flughafens zu machen und allenfalls erforderliche Änderungen des Betriebsreglements vorzulegen; in diesem Fall sind die Verfahren zu koordinieren[118]. Die Umweltverträglichkeitsprüfung erfolgt einerseits im Plangenehmigungsverfahren, andererseits anlässlich des Erlasses und wichtiger Änderungen des Betriebsreglements[119]. Entschädigungsforderungen können auch separat geltend gemacht werden[120].

V. Betrieb eines Flughafens

A. Zulassungszwang

Die Flughäfen sind verpflichtet, alle Flugzeuge im nationalen und internationalen Verkehr starten und landen zu lassen, „unter Vorbehalt der im Betriebsreglement festgelegten Einschränkungen"[121]. Der Zulassungszwang verlangt somit nicht eine Zulassung zu jeder Zeit. Das Betriebsreglement hat die Mo-

---

112 Art. 3 Abs. 3 VIL.
113 Art. 8 Abs. 1 VIL.
114 Art. 62 VIL.
115 BGE 124 II 293 ff., 318 ff. (für das frühere Recht).
116 BGE 124 II 293 ff., 337; BGE 130 II 394 ff. = URP 18/2004, 491 ff., 497.
117 Art. 11 Abs. 1 lit. e VIL.
118 Art. 27a Abs. 1 lit. f und g sowie Art. 27c VIL.
119 Anhang zur UVPV, Ziff. 14; Art. 24 lit. b und Art. 27a Abs. 1 lit. d VIL.
120 Vgl. dazu BGE 130 II 394 ff. = URP 18/2004, 491 ff., 501 ff.
121 Art. 36a Abs. 2 LFG; Art. 2 VIL.

dalitäten der Zulassung zu regeln, indem es die Betriebszeiten festlegt, die An- und Abflugrouten bestimmt und die Zulassungsbedingungen statuiert. Die Zulassung hat jedoch ohne Diskriminierung zu erfolgen[122].

In der politischen Diskussion wird immer wieder eine *Plafonierung der Flugbewegungen* (Starts und Landungen) postuliert[123]. Kürzlich wurde in Zürich sogar eine kantonale Volksinitiative eingereicht, welche eine Beschränkung der jährlichen Flugbewegungen auf 250'000 in der Kantonsverfassung verlangt. Eine Plafonierung scheint als Massnahme zum Schutz der Bevölkerung vor Lärm und zur Einhaltung der Vorschriften betreffend Luftverschmutzung – auch aus der Sicht des Zulassungszwangs – nicht ausgeschlossen. Ob die Beschränkung der Anzahl Flugbewegungen die richtigen Anreize zur Lärmbekämpfung setzt, ist allerdings diskutabel. Die kantonale Zuständigkeit zu einer solchen Massnahme ist überdies zweifelhaft; die Luftfahrt fällt in die Kompetenz des Bundes[124].

B.   Betriebszeiten

Wegen der grossen Lärmbelastung durch einen Flughafen sind die Betriebszeiten, insbesondere während der Nacht, ein grosses Politikum. Entsprechend statuiert die Infrastrukturverordnung ein Nachtflugverbot[125]. Auf den Flughäfen Zürich und Genf sind gewerbsmässige *Abflüge* zwischen 24 Uhr und 6

---

[122] BGE 126 II 522 ff., 552 f.

[123] Die Festsetzung einer Maximalzahl von Flugbewegungen durch die Aufsichtsbehörden wird vom Bundesgericht kritisch beurteilt. Sie wäre nur im Rahmen des Sachplans Infrastruktur zulässig; BGE 129 II 331 ff., 342 ff.

[124] Die Initiative hat folgenden Wortlaut:
„Die Verfassung des Kantons Zürich wird wie folgt ergänzt:
Art. 26 Abs. 3 KV (neu)
Der Kanton Zürich wirkt, insbesondere im Bund, darauf hin, dass der Flughafen Zürich in Übereinstimmung mit den Bedürfnissen der von Flugemissionen betroffenen Wohnbevölkerung betrieben wird. Namentlich darf die jährliche Zahl von Flugbewegungen des Flughafens 250'000 nicht überschreiten und die Nachtflugsperre nicht weniger als neun Stunden betragen."
Sie lässt sich verfassungskonform auslegen, da sie im ersten Satz lediglich verlangt, dass sich die kantonalen Behörden für einen umweltgerechten Flughafen einsetzen. Die Beschränkung der Anzahl Flugbewegungen erscheint so als Ziel der Bemühungen der kantonalen Behörden, nicht als verbindliche Vorschrift. Vgl. Antrag und Weisung des Regierungsrates vom 15. September 2004, Amtsblatt (Zeitungsausgabe) 2004, 1124; zu ähnlichen Begehren im Bereich der Kernenergie BGE 111 Ia 303 ff.; ferner zur Gewährleistung einer entsprechenden kantonalen Verfassungsbestimmung durch die Bundesversammlung BBl 1985 II 1157 ff., 1162 f.

[125] Art. 39 VIL.

Uhr verboten; zwischen 22 Uhr und 24 Uhr sind sie eingeschränkt auf bestimmte Flüge und emissionsarme Flugzeuge. *Landungen* sind lediglich verboten zwischen 24 Uhr und 5 Uhr[126]. Für nichtgewerbsmässige Flüge gilt ein Start- und Landeverbot von 22 Uhr bis 6 Uhr[127]. Die Betriebsreglemente sehen teilweise weitergehende Einschränkungen vor[128].

C.   An- und Abflugregime

Die Anflug- und Abflugrouten bestimmen sich einerseits nach der Lage der Pisten und werden damit durch das Plangenehmigungsverfahren in erheblicher Weise vorgezeichnet. Rechtlich verbindlich sind sie im Betriebsreglement festgelegt[129]. Für die Festlegung der An- und Abflugrouten ist neben den faktischen Gegebenheiten auch rechtlichen und politischen Vorgaben Rechnung zu tragen. Das zeigt sich vor allem im Zusammenhang mit dem zur Zeit in der Region Zürich in Gang befindlichen Streit über Anflüge aus und Abflüge nach Norden, Osten, Süden und Westen. Die im Betriebsreglement vorgesehenen An- und Abflugrouten und Betriebszeiten wurden durch eine deutsche Verordnung rechtswidrig und mussten deshalb gegen den Willen des Flughafenhalters und der Aufsichtsbehörden des Bundes geändert werden.

D.   Bodenabfertigung

Die Flughafenhalter sind berechtigt, einzelne Rechte und Pflichten aus der Betriebskonzession an Dritte zu übertragen. Dies gilt insbesondere für die Betankung der Flugzeuge, für die Flugzeugabfertigung, für die Passagier-, Gepäck-, Post- und Frachtabfertigung[130] sowie für das Catering, d.h. die Versorgung der Flugzeuge mit Verpflegung für die Passagiere. Die auch für die Schweiz massgebende EU-Richtlinie über die Bodenabfertigungsdienste ent-

---

[126] Art. 39a VIL.

[127] Art. 39 Abs. 1 VIL. Für andere Flughäfen als Genf und Zürich gilt ein Start- und Landeverbot zwischen 23 Uhr und 6 Uhr; zwischen 22 Uhr und 23 Uhr sind Abflüge und Landungen beschränkt auf emissionsarme Flugzeuge. Für Flugfelder gilt ein Start- und Landeverbot von 22 Uhr bis 6 Uhr (Art. 39b VIL).

[128] Vgl. für den Flughafen Zürich Art. 7 ff. des Betriebsreglements vom 31. Mai 2001; BGE 126 II 522 ff., 556 ff.; für den Flughafen Lugano-Agno BGE 125 II 643 ff., 674 ff. = URP 14/2000, 337 ff., 348 ff.

[129] Vgl. Art. 29 ff. des Betriebsreglements für den Flughafen Zürich vom 31. Mai 2001.

[130] Vgl. dazu VON SCHULTHESS.

hält Vorschriften über die Auswahl der mit der Bodenabfertigung beauftragten Unternehmen, die im Betriebsreglement umgesetzt werden müssen[131]. Für die Übertragung von Abfertigungsaufgaben an Dritte muss ein europaweites Submissionsverfahren durchgeführt werden[132].

Die Betriebskonzession für den Flughafen Zürich bestimmt ausdrücklich, dass die Beziehungen zwischen dem Flughafenhalter und den mit solchen *flughafenspezifischen Aufgaben* betrauten Unternehmen dem öffentlichen Recht unterstehen[133]; demgegenüber gilt für die Beziehungen zu den Erbringern kommerzieller Dienstleistungen, die nicht flughafenspezifisch sind, wie Verkaufsläden und Restaurants, das Privatrecht[134].

E. Gebühren

Mit der Betriebskonzession wird dem Flughafenhalter ausdrücklich die Befugnis eingeräumt, Gebühren zu erheben[135]. Dabei handelt es sich – auch bei privatrechtlich organisierten Flughäfen – um öffentlichrechtliche Gebühren, die kraft gesetzlicher Ermächtigung erhoben werden. Es werden insbesondere Landegebühren, Fluggastgebühren, Frachtgebühren, Treibstoff- oder Abfertigungstaxen sowie Flugsicherungsgebühren auferlegt[136]. Sie unterliegen dem Kostendeckungs- und Äquivalenzprinzip. Emissionsarme Flugzeuge sind zu bevorzugen; den Gebühren wird somit eine *Lenkungsfunktion* übertragen[137]. Sie müssen in einer Gebührenordnung festgehalten werden, die der Aufsicht durch das BAZL unterliegt[138].

---

[131] Art. 29a f. VIL; für den Flughafen Zürich Art. 128 und Anhang 1 des Betriebsreglements vom 31. Mai 2001.

[132] Vgl. für den Flughafen Zürich Art. 9 des Anhangs 1 zum Betriebsreglement vom 31. Mai 2001.

[133] Ziff. 2.3 der Betriebskonzession für den Flughafen Zürich vom 31. Mai 2001.

[134] Ziff. 2.3.c) der Erwägungen zur Erteilung der Betriebskonzession für den Flughafen Zürich vom 31. Mai 2001. Für den Flughafen Genf enthält die Betriebskonzession keine entsprechende Bestimmung; da in Genf der Kanton weiterhin der Flughafenhalter ist, obliegt es dem kantonalen Recht, die Rechtsnatur der Beziehungen zwischen dem Flughafenhalter und beauftragten Unternehmen festzulegen.

[135] Art. 36a Abs. 2 LFG; Art. 10 VIL; Ziff. 2.2 der Betriebskonzession für den Flughafen Zürich vom 31. Mai 2001.

[136] Der Flughafenhalter ist verpflichtet, für die einzelnen Gebührenelemente getrennte Kostenrechnungen zu führen; Art. 32 Abs. 1 VIL.

[137] Art. 32 Abs. 2 VIL. Vgl. dazu BGE 125 I 182 ff.

[138] Art. 33 VIL. Flugsicherungsgebühren werden durch Skyguide festgesetzt und durch das UVEK genehmigt; Art. 12 VFSD. Die Gebührenordnungen sind im Luftfahrthandbuch (AIP) zu veröffentlichen; Art. 34 VIL; Art. 14 VFSD.

VI. Verfahren und Rechtsschutz

A. Verfahren

1. Beim *Plangenehmigungsverfahren* hat der Flughafenhalter sein Gesuch mit den erforderlichen Unterlagen der Genehmigungsbehörde (UVEK) einzureichen und das Projekt im Gelände auszustecken[139]. Das Gesuch wird in den amtlichen Publikationsorganen der betroffenen Kantone und Gemeinden publiziert und während dreissig Tagen öffentlich aufgelegt. Die betroffenen Kantone haben die Möglichkeit, innert dreier Monate zum Gesuch Stellung zu nehmen[140]. Von den zuständigen Fachstellen des Bundes und der Kantone sind ebenfalls Stellungnahmen einzuholen[141].

Wer durch das Gesuch betroffen ist, kann während der Auflagefrist bei der Genehmigungsbehörde Einsprache erheben; das gilt auch für die betroffenen Gemeinden. Enteignungsrechtliche Einwände sowie Begehren um Entschädigung oder Sachleistung sind ebenfalls innert der Auflagefrist geltend zu machen[142.]

Die Genehmigungsbehörde entscheidet über die Plangenehmigung und gleichzeitig über die enteignungsrechtlichen Einsprachen[143]. Über Entschädigungsbegehren befindet die Schätzungskommission nach Abschluss des Plangenehmigungsverfahrens[144], falls sich die Parteien nicht zuvor im Einigungsverfahren unter der Leitung des Präsidenten der Schätzungskommission einigen können[145].

2. Weder das Luftfahrtgesetz noch die Infrastrukturverordnung enthält Bestimmungen über das *Konzessionsverfahren*. Festgelegt ist lediglich, dass das UVEK für die Erteilung der Konzession zuständig ist[146]. Gemäss Praxis richtet sich das Konzessionsverfahren nach den Bestimmungen über die Genehmigung des Betriebsreglements[147].

---

[139] Art. 37c Abs. 1 LFG; Art. 27a und 27b VIL.
[140] Art. 37d Abs. 1 und 2 LFG.
[141] Art. 37d und 37g LFG i.V.m. Art. 62a ff. RVOG.
[142] Art. 37f LFG.
[143] Art. 37h LFG.
[144] Art. 37k Abs. 1 LFG i.V.m. Art. 57 ff. EntG.
[145] Art. 48 EntG.
[146] Art. 36a Abs. 1 LFG.
[147] Ziff. 1.2 der Erwägungen des UVEK zur Erteilung einer Betriebskonzession für den Flughafen Zürich vom 31. Mai 2001.

3. Das Verfahren zur *Genehmigung des Betriebsreglements* und von wesentlichen Änderungen läuft gleich wie das Plangenehmigungsverfahren: Die Gesuche werden durch das Bundesamt den betroffenen Kantonen übermittelt. Diese haben Gelegenheit, innert einer Frist von drei Monaten dazu Stellung zu nehmen. Die Gesuche sind in den amtlichen Publikationsorganen der betroffenen Kantone und Gemeinden zu publizieren und während 30 Tagen öffentlich aufzulegen. Während der Auflagefrist können Betroffene und Gemeinden Einsprache erheben. Die Genehmigung erfolgt durch das Bundesamt. Dieses hat die interessierten Stellen des Bundes in das Verfahren mit einzubeziehen[148].

B. Rechtsschutz

1. Sowohl die Plangenehmigung als auch die Betriebskonzession und die Genehmigung des Betriebsreglements können mit *Rechtsmitteln* angefochten werden. Unabhängig davon, ob erstinstanzlich das Bundesamt für Zivilluftfahrt (BAZL) oder das Departement (UVEK) entscheidet, ist die Rekurskommission für Infrastruktur und Umwelt (Reko INUM), die bisherige Rekurskommission UVEK, erste Rechtsmittelinstanz[149]. Deren Entscheide können mit Verwaltungsgerichtsbeschwerde an das Bundesgericht weitergezogen werden[150].

2. *Legitimiert* zur Anfechtung flughafenbezogener Entscheide ist, wer nach den Vorschriften des Verwaltungsverfahrensgesetzes oder des Enteignungsgesetzes Partei ist[151]. Das sind neben dem Flughafenhalter alle Personen, die durch eine Verfügung berührt werden[152], indem sie beispielsweise durch Lärm in ihrer Nachtruhe gestört werden oder indem der Wert ihrer Liegenschaft beeinträchtigt wird[153]. Legitimiert sind ferner vom Betrieb des Flughafens betroffene – auch ausländische – Gemeinden und andere öffentlichrechtliche Körperschaften wie Kantone und entsprechende ausländische Gebietseinheiten[154]. Da es sich bei Flughäfen um UVP-pflichtige Anlagen handelt, sind überdies gesamtschweizerische Umweltschutzorganisationen,

---

[148] Art. 36d LFG i.V.m. Art. 62b RVOG.

[149] Art. 6 Abs. 1 LFG.

[150] Art. 97, Art. 98 lit. e, Art. 99 Abs. 1 lit. e und Art. 99 Abs. 2 lit. c OG.

[151] Art. 37f LFG.

[152] Art. 6 VwVG. Vgl. dazu BGE 124 II 293 ff., 303 f.; 104 Ib 307 ff., 317 ff.

[153] Art. 36 f. EntG.

[154] Vgl. dazu BGE 124 II 293 ff., 304 ff.; zur staatsrechtlichen Beschwerde einer Gemeinde wegen Verletzung ihrer Existenzgarantie durch den Ausbau des Flughafens Zürich ZBl 72/1971, 427 ff.

die seit mindestens zehn Jahren tätig sind, zur ideellen Verbandsbeschwerde berechtigt[155].

Im *Plangenehmigungsverfahren* sowie im Verfahren der *Genehmigung des Betriebsreglements* müssen Betroffene während der Auflagefrist Einsprache erheben und ihre Entschädigungsforderungen anmelden; wer nicht Einsprache erhebt, ist vom weiteren Verfahren ausgeschlossen[156], verwirkt also das Recht, Rechtsmittel zu ergreifen. Entschädigungsforderungen können allenfalls auch noch später geltend gemacht werden[157].

Bei der *Betriebskonzession* ist der Kreis der Beschwerdeberechtigten eingeschränkt, da mit der Konzession lediglich das Recht verliehen wird, einen Flughafen zu betreiben, ohne dass konkrete Vorgaben für dessen Betrieb gemacht werden. Durch die Betriebskonzession sind daher nach der – meines Erachtens diskutablen – Rechtsprechung Private nicht unmittelbar berührt und somit nicht beschwerdelegitimiert[158]. Demzufolge konzentriert sich die Möglichkeit der Anwohnerinnen und Anwohner, Rechtsmittel zu ergreifen, auf das Plangenehmigungsverfahren sowie auf die Genehmigung des Betriebsreglements und von dessen Änderungen.

3.　　In jüngster Zeit hat die Frage der *aufschiebenden Wirkung* von Rechtsmitteln gegen die Plangenehmigung und gegen die Genehmigung von Änderungen des Betriebsreglements zu Diskussionen geführt. Der Verwaltungsbeschwerde kommt grundsätzlich aufschiebende Wirkung zu; die verfügende Behörde oder die Rechtsmittelinstanz kann diese jedoch entziehen[159]. Für den Entzug der aufschiebenden Wirkung müssen nicht ausserordentliche Umstände, aber doch überzeugende Gründe vorliegen; es muss ein schwerer Nachteil drohen, wenn die aufschiebende Wirkung nicht entzogen würde. Die Beurteilung beruht auf einer Abschätzung der Erfolgsaussichten des Rechtsmittels (Entscheidprognose) sowie auf einer Abwägung der sich gegenüberstehenden Interessen (Verhältnismässigkeitsprüfung).

---

[155]　Art. 55 USG; dazu BGE 124 II 293 ff., 306 f.
[156]　Art. 37f Abs. 1 und Art. 36d Abs. 4 LFG.
[157]　Art. 37f Abs. 2 i.V.m. Art. 39 ff. EntG.
[158]　BGE 129 II 331 ff., 336 ff.
[159]　Art. 55 VwVG. Vgl. dazu Reko UVEK, VPB 64/2000 Nr. 118.

VII. Würdigung und Ausblick

Bau und Betrieb eines Flughafens sind äusserst *komplexe Vorgänge*, sowohl bezüglich der tatsächlichen Abläufe als auch mit Bezug auf die rechtlichen Regelungen. Das zeigt allein schon der Umfang der Urteile des Bundesgerichts über Flughafenbauten; die in der Amtlichen Sammlung der Bundesgerichtsentscheide publizierten Auszüge aus den beiden Urteilen von 1998 und 2000 zur 5. Bauetappe des Flughafens Zürich umfassen rund 60 bzw. 80 Seiten[160]; das ist rekordverdächtig.

Der Betrieb eines Flughafens hat *Auswirkungen weit über das Flughafenareal hinaus* und tangiert Hunderttausende von Personen in positiver wie negativer Weise. Die unmittelbar dem Flugverkehr dienenden Anliegen des Flughafenhalters (Sicherheit, jederzeitige Verfügbarkeit und Pünktlichkeit des Flugverkehrs) stehen zum Teil in einem erheblichen Spannungsverhältnis zu den teilweise ebenso wichtigen Interessen von Raumplanung, Lärmschutz und Luftreinhaltung in der näheren und weiteren Umgebung des Flughafens.

Die in den letzten Jahren geschaffenen Verfahren haben eine Bündelung und eine gewisse *Straffung und Beschleunigung der Abläufe* gebracht, ohne die Betroffenen vom Verfahren auszuschliessen. Mehrfach haben Beschwerdeführer Erfolge verbucht bei der Durchsetzung ihres Anspruchs auf Schutz vor übermässiger Belastung durch den Fluglärm. Auch solche Teilerfolge bringen jedoch bestenfalls eine gewisse Beschränkung oder Umverteilung, aber kaum eine Befreiung von den mit dem Betrieb eines Flughafens verbundenen Nachteilen. Solange am Betrieb eines Landesflughafens festgehalten wird – und das dürfte wohl weiterhin grossmehrheitlich befürwortet werden –, kann es nur um die Optimierung gehen, d.h. um eine Minimierung der Nachteile.

Dass dies eine Aufgabe ist, welche der *Quadratur des Kreises* gleichkommt, erleben wir zur Zeit beim Flughafen Zürich. Deutschland hat die staatsvertragliche Regelung von 1984 gekündigt, und die Schweizerische Bundesversammlung hat den neuen Staatsvertrag nicht genehmigt. Durch eine deutsche Verordnung wird der Betrieb des Flughafens Zürich so eingeschränkt, dass in den Randstunden am Morgen und in der Nacht An- und Abflüge nicht mehr von und nach Norden erfolgen können[161]. Das führte zur Neuregelung des An- und Abflugs über Gebiete, die bisher vom Flugverkehr weitgehend verschont waren und die dafür auch raumplanerisch nicht vorgesehen sind. Es

---

[160] BGE 124 II 293 ff.; 126 II 522 ff.
[161] Vgl. dazu Beiträge von REGULA DETTLING-OTT und SIMON HIRSBRUNNER in diesem Band.

herrscht zur Zeit ein *rechtswidriger Zustand*, der möglichst schnell beseitigt werden muss. Wie das geschehen soll, ist allerdings noch weitgehend offen.

Zur Zeit sind verschiedene Bestrebungen im Gang, die verfahrene Situation zu verbessern und den Flughafen wieder auf Kurs zu bringen. Die Volksinitiative zur *Beschränkung der Anzahl Flugbewegungen* habe ich bereits erwähnt. Das *Projekt „Relief"* der Zürcher Regierung versucht, durch raumplanerische Massnahmen eine bessere Trennung zwischen dem Flughafen und den umliegenden Wohngebieten zu erreichen; gleichzeitig soll die Zahl der durch Fluglärm Betroffenen durch entsprechende Anpassung der An- und Abflugrouten reduziert werden[162]. Auf Bundesebene wird neben anderen Massnahmen eine *Änderung der Zuständigkeitsordnung* diskutiert, mit welcher die Führung der Flughäfen zur Bundesaufgabe würde[163]. Parlamentarische Vorstösse verlangen überdies eine *gerechte Entschädigung* der durch den Fluglärm verursachten Wertverluste[164].

Im Moment besteht der Eindruck, dass alle vom Flughafen profitieren wollen, aber niemand bereit ist, dessen Nachteile zu tragen[165]. Die *Opposition gegen den Fluglärm* ist enorm. Allein in der Region Zürich gibt es rund 25 Lärmschutz-Organisationen, die gegen die eine oder andere An- und Abflugroute opponieren[166].

Der Versuch, im Rahmen eines *Mediationsverfahrens* eine vertretbare Verteilung des Fluglärms durch ein ausgewogenes An- und Abflugregime zu erreichen, ist gescheitert, schon bevor über die Sache verhandelt werden konnte. Die Lösung soll nun wieder auf dem im Zürcher Flughafengesetz vorgezeichneten Weg mit einer *konsultativen Konferenz* („runder Tisch") unter der Leitung der Volkswirtschaftsdirektorin und unter Einbezug von Vertreterinnen und Vertretern der Betroffenen gesucht werden[167].

An der Tatsache, dass der Betrieb eines Flughafens auch Nachteile bringt, vermögen all die Vorstösse, Initiativen und Verfahren nichts zu ändern. Aber sie sind Versuche, einen besseren Ausgleich der Interessen rund um den Flughafen zu erreichen. Ich wünsche uns allen, dass es gelingt, innert nützlicher Frist die Flughafenpolitik wieder in *rechtlich geordnetere Bahnen* zu lenken.

---

[162] Regierungsratsbeschluss 1039 vom 7. Juli 2004.

[163] Vernehmlassungsentwurf zu einem Bericht über die Luftfahrtpolitik der Schweiz 2004 vom 26. Juli 2004, insb. 49 f.

[164] Parlamentarische Initiative 02.418 von ROLF HEGETSCHWEILER vom 22. März 2002.

[165] Vgl. dazu etwa die Kontroverse über den Südanflug zwischen PETER M. KELLER und ISABELLE HÄNER.

[166] http://teviso.com/fluglinks (besucht am 6. September 2004).

[167] § 4 Flughafengesetz.

Der Flughafen Zürich und die Auseinandersetzung mit der Bundesrepublik Deutschland über den An- und Abflug:

The right to fly vs. the right to sleep

REGULA DETTLING-OTT

Vgl. für Literatur, Rechtsquellen, Judikatur, Materialien und Abkürzungen die Verzeichnisse vorn in diesem Band.

I.   Einleitung

Vor etwas mehr als einem Jahr fand vor dem Baden-Württembergischen Verwaltungsgerichtshof in Mannheim die mündliche Verhandlung statt in den Verfahren zwischen dem Flughafen Zürich gegen das Deutsche Luftfahrtbundesamt und SWISS International Airlines gegen das Deutsche Luftfahrtbundesamt. Das Verwaltungsgericht ist die zweite und höchste landesrechtliche Instanz im Bundesland Baden-Württemberg; danach folgt noch der Bundesverwaltungsgerichtshof in Leipzig. Der Baden-Württembergische Verwaltungsgerichtshof ist kein Provinzgericht. Man darf nicht vergessen, dass das Land Baden-Württemberg mehr Einwohner hat als die Schweiz (10 Mio).

Wir befanden uns im Gebäude des Verwaltungsgerichts, einem schmucklosen Bau aus den 30er Jahren. Die Verhandlung fand in einem relativ kleinen Gerichtssaal im Untergeschoss statt, ein nüchterner Raum mit gewöhnlichen Tischen und Stühlen ausstaffiert. Es waren nicht alle Plätze besetzt. Auch die Presse war spärlich vertreten. Das Gericht tagte in Dreierbesetzung und mit einem Gerichtsschreiber. Auffallend war, wie wenige Akten die Richter bei sich hatten. Die Verhandlung, die den ganzen Tag dauerte, hatte den Charakter einer Referentenaudienz. Im Rahmen dieser – für die schweizerische Betrachterin – informellen Verhandlung fiel vom Gerichtspräsidenten der Satz, der mir im Gedächtnis haften blieb und Anlass war für den – etwas pointiert formulierten – Titel meines Referats. Als debattiert wurde, in welcher Form die deutschen Anwohner nachweisen müssten, dass der Lärm, dem sie ausgesetzt sind, übermässig sei, meinte der Gerichtspräsident: Es reicht, wenn am Morgen *ein* Flugzeug die Leute weckt.

Geht es also in der Auseinandersetzung zwischen Deutschland und der Schweiz aus luftrechtlicher Sicht um *the right to fly vs. the right to sleep*? Man kann diese Verkürzung – auch wenn sie etwas polemisch ist – durchaus stehen lassen.

II. The right to fly: Die luftrechtlichen Grundlagen für den Überflug von fremdem Hoheitsgebiet

Im Zusammenhang mit den An- und Abflügen über süddeutsches Gebiet sind verschiedene Gutachten geschrieben worden[1]. In einem Punkt sind sie sich einig: Sie sind mit einer neuen Fragestellung konfrontiert, nachdem die deutschen Behörden – nicht zuletzt unter erheblichem politischen Druck der Einwohner Süddeutschlands – die Berechtigung zur Beanspruchung des deutschen Hoheitsgebietes für Anflüge auf den Flughafen Zürich bestritten und massive Einschränkungen zum Schutz der deutschen Anwohner vor Fluglärm forderten[2].

A. Das Übereinkommen von Chicago

Im Übereinkommen von Chicago[3] schufen die Staaten nach dem zweiten Weltkrieg die Grundlage für den zivilen Luftverkehr. Sie einigten sich "auf gewisse Grundsätze und Vereinbarungen, (...) damit sich die internationale Zivilluftfahrt in sicherer und geordneter Weise entwickeln kann und damit internationale Luftverkehrslinien auf der Grundlage gleicher Möglichkeiten eingerichtet und gesund und wirtschaftlich betrieben werden können"[4].

In Artikel 1 bestätigt das Chicagoer Übereinkommen den – zu jenem Zeitpunkt als Völkergewohnheitsrecht anerkannten[5] – unbestrittenen Grundsatz, dass jeder Staat über seinem Hoheitsgebiet die "volle und ausschliessliche Lufthoheit" hat[6]. Gestützt auf diese Hoheitsrechte räumten sich die Vertrags-

---

[1]   LÜBBEN/OHLHOFF/WOLFRUM; MENDES DE LEON; MILDE, Opinion; DETTLING-OTT, Anflug; vgl. dazu auch RÜDIGER WOLFRUM/NATALIE LÜBBEN/STEFAN OHLHOFF, Darf Deutschland den Flugverkehr nach Zürich einschränken?, NZZ vom 1. Dezember 2000, 16; zu den europarechtlichen Aspekten NETTESHEIM; vgl. auch MAJER; URS SAXER/PATRICK SUTTER, Die Voranwendung internationaler Verträge durch den Bundesrat: Dringlichkeit, Rechtsstaat und Demokratie im schweizerischen Staatsvertragsrecht, AJP 12/2003, 1406 ff.; DETTLING-OTT, Anflüge und Überflüge.

[2]   Dieses Referat klammert die europarechtlichen Aspekte der Auseinandersetzung zwischen der Schweiz und Deutschland um die Anflüge auf den Flughafen Zürich ausdrücklich aus. Vgl. dazu den Beitrag von SIMON HIRSBRUNNER in diesem Band.

[3]   Übereinkommen vom 7. Dezember 1944 über die internationale Zivilluftfahrt (SR 0.748.0), im folgenden "Chicagoer Übereinkommen" oder ChÜ.

[4]   Präambel Chicagoer Übereinkommen, 3. Absatz.

[5]   CHENG 120.

[6]   Dazu ausführlich SHAWCROSS/BEAUMONT, IV(3 ff.).

staaten im gleichen Abkommen gewisse Rechte ein und setzten Bedingungen fest, unter welchen sie die Einschränkung der Souveränitätsrechte akzeptieren. Im Zusammenhang mit dem hier diskutierten Thema sind relevant:

- Im Nicht-Linienverkehr ist ein Flugzeug berechtigt, in das Hoheitsgebiet eines Vertragsstaates "einzufliegen, es ohne Landung zu überfliegen und nichtgewerbliche Landungen durchzuführen" (Art. 5).

- Im Nicht-Linienverkehr unterliegt bei einer entgeltlichen Beförderung "das Vorrecht, Fluggäste, Fracht oder Post aufzunehmen oder abzusetzen", der Zustimmung des betroffenen Staates (Art. 5 Abs. 2).

- Planmässige Flüge (Linienflüge) in oder über das Hoheitsgebiet eines Vertragsstaates sind nur mit der besonderen Erlaubnis des betroffenen Staates zulässig (Art. 6).

Diese Bestimmungen des Chicagoer Übereinkommens zeigen, dass im System des Abkommens bezüglich Überflügen und Landungen zwei tatsächliche Vorgänge geregelt sind: Das Ein- und Durchfliegen eines Vertragsstaates und die Aufnahme und das Absetzen von Fluggästen, Fracht oder Post. Ein anderer (dritter) Sachverhalt ist nicht angesprochen und es gibt insbesondere keine spezielle Regelung für An- oder Abflüge. Nach der Systematik des Chicagoer Übereinkommens befindet sich ein Flugzeug entweder in der Luft oder am Boden. Wenn es sich in der Luft befindet, kann es auf einem Nicht-Linienflug gestützt auf Art. 5 des Chicagoer Übereinkommens in das Hoheitsgebiet eines fremden Staates einfliegen und dieses durchfliegen; will es landen, um Passagiere oder Fracht gegen Entgelt aufzunehmen oder abzusetzen, muss der betroffene Staat zustimmen. Handelt es sich um einen Linienflug, braucht sowohl der Ein- und Durchflug als auch das Aufnehmen und Absetzen von Passagieren und Fracht die Erlaubnis der betroffenen Staaten. Die entsprechenden Grundlagen finden sich nicht im Chicagoer Übereinkommen, sondern auf multilateraler Ebene im Transit-Abkommen und in bilateralen Luftverkehrsabkommen.

B.   Das Transit-Abkommen

1.   Das Überflugrecht gemäss Transit-Abkommen

Das Chicagoer Übereinkommen schliesst die Flüge des Linienverkehrs ausdrücklich von der Berechtigung gemäss Art. 5 (Recht auf nichtplanmässige Flüge und nichtgewerbliche Landung) aus und fordert für diese eine "besondere Genehmigung" oder "eine andere Bewilligung", damit sie in oder über das Hoheitsgebiet eines anderen Vertragsstaates fliegen können (Art. 6 ChÜ). Dies bedingt, dass jeder internationale Linienflug von allen überflogenen Staaten eine Erlaubnis erhält. Es liegt auf der Hand, dass ein multilaterales Abkommen die notwendigen Grundlagen schaffen musste, um für den zivilen Luftverkehr den Überflug[7] zu ermöglichen[8]. Gleichzeitig mit dem Chicagoer Übereinkommen verabschiedeten die Staatenvertreter 1944 das Transit-Abkommen[9]. Das Abkommen ist bis heute von 121 Staaten ratifiziert worden[10]; es fehlen grosse Staaten wie Russland und China. Hingegen haben sowohl Deutschland wie die Schweiz das Transit-Abkommen ratifiziert.

Das Transit-Abkommen regelt – der Titel der amtlichen deutschen Übersetzung ist aufschlussreich[11] – den "Durchflug im internationalen Fluglinienverkehr" (Titel und Präambel). In Art. I Abschnitt 1 hält es fest:

> "Jeder Vertragsstaat gewährt den anderen Vertragsstaaten die folgenden Luftfreiheiten in bezug auf regelmässige internationale Luftverkehrslinien:
> 1) das Vorrecht, sein Gebiet ohne Landung zu überfliegen;
> 2) das Vorrecht zu nichtkommerziellen Landungen.
> (...)".

Gleich wie bei Art. 5 des Chicagoer Übereinkommens fällt an dieser Formulierung auf, dass auch das Transit-Abkommen zwei Sachverhalte regelt: Das Überfliegen ohne Landung und die Landung zu nicht-gewerblichen Zwecken gemäss Art. 96 (d) des Abkommens. Ein dritter Sachverhalt wird – wie im Chicagoer Übereinkommen – nicht angesprochen. Insbesondere fehlt jegliche Erwähnung und damit auch eine Sonderregelung von An- und Abflügen. Eine solche drängte sich auch unter dem Transit-Abkommen nicht auf, denn ein Flugzeug befindet sich entweder in der Luft (Durch- oder Einflug) oder auf dem Boden.

---

7   Die Ausdrücke "Durchflug", "Überflug" und "Transit" sind gleichbedeutend; das Chicagoer Übereinkommen, das Transit-Abkommen und die bilateralen Luftverkehrsabkommen verwenden die Begriffe ohne Unterschied.

8   MEYER 240 f.

9   Vereinbarung über den Transit internationaler Luftverkehrslinien vom 7. Dezember 1944, im Folgenden: Transit-Abkommen oder TA (SR 0.748.111.2).

10   Im Unterschied dazu haben 189 Staaten das Chicagoer Übereinkommen ratifiziert; vgl. dazu MILDE, Chicago Convention.

11   Die amtliche Übersetzung Deutschlands weicht von der schweizerischen ab; auf englisch lautet sein Titel: International Air Services Transit Agreement; auf französisch Accord relatif au transit des services aériens internationaux.

2. Recht, Privileg und Freiheit

In Bezug auf Art. I des Transit-Abkommens ist ein weiterer Aspekt bemerkenswert: Es ist von der Gewährung der "Luftfreiheit" ("grant the privilege") die Rede, Ausdrücke, die im Chicagoer Übereinkommen nicht vorkommen. Geht damit das Transit-Abkommen von einem anderen Konzept aus als das Chicagoer Übereinkommen, indem es kein Recht, sondern nur ein Privileg einräumt, das nach Belieben beschränkt werden kann?

Die Formulierung im Transit-Abkommen ist in einen weiteren Zusammenhang zu stellen: Zusammen mit dem Chicagoer Übereinkommen und dem Transit-Abkommen wurde an der diplomatischen Konferenz von 1944 ein drittes Abkommen ausgearbeitet: Die Vereinbarung über internationale Luftbeförderung (Transport-Vereinbarung). Mit diesem Abkommen sollten – im Unterschied zu den technischen Freiheiten des Transit-Abkommens – die gewerblichen Verkehrsrechte (das Recht zum Absetzen und zum Zuladen von Passagieren und Gütern, die 3., 4. und 5. Freiheit) geregelt werden[12]. Die Transport-Vereinbarung wurde nur von wenigen Staaten ratifiziert und hat keine praktische Bedeutung erlangt[13]. Geblieben ist jedoch ihre Terminologie und Kategorisierung[14]: Die Einteilung von Verkehrsrechten in die sog. Freiheiten, wie sie auch im Transit-Abkommen genannt sind.

Die Formulierung "gewährt die Freiheit" beinhaltet in erster Linie eine Duldungspflicht der belasteten Staaten: Weil den Staaten über ihrem Luftraum die volle Souveränität zukommt (Art. 1 ChÜ), braucht es auf gleicher Ebene, d.h. ebenfalls in einem internationalen Abkommen, eine Bestimmung, mit der diese Souveränitätsrechte eingeschränkt werden, wie dies der Fall ist, wenn Ein- und Durchflugrechte i.S. des Transit-Abkommens gewährt werden. Aus dieser Sicht ist es folgerichtig, den Durchflug durch ein Staatsgebiet im Transit-Abkommen als Duldungspflicht zu formulieren. Es steht jedem Staat frei, diese Pflicht einzugehen; hat er dies mit der Ratifikation des Transit-Abkommens getan, ist er jedoch vertraglich gebunden und kann den Ein- oder Durchflug nur beschränken, soweit dies aufgrund des Chicagoer Übereinkommens oder des Transit-Abkommens möglich ist[15]. Will ein Staat weitergehende Beschränkungen verfügen, muss er das Transit-Abkommen kündigen, damit er die Durchflüge fremder Luftfahrzeuge nicht weiter zu dulden hat[16] oder mit Bedingungen verknüpfen kann.

---

[12] SCHWENK, Luftverkehrsrecht 480 f.; HEUBERGER 50 ff.
[13] SCHWENK, Luftverkehrsrecht 481; HEUBERGER 51.
[14] SCHWENK, Luftverkehrsrecht 481.
[15] Hinten E.
[16] Mit der Kündigung des Transit-Abkommens verliert der betreffende Staat das Gegenrecht, d.h. die Berechtigung, aufgrund des Transit-Abkommens das Gebiet von anderen

C. Der Inhalt des Überflugrechts

Auch wenn das Chicagoer Übereinkommen und das Transit-Abkommen für die Einräumung des Überflugrechts unterschiedliche Formulierungen enthalten (Art. 5 ChÜ, Art. I TA), unterscheidet sich der materielle Gehalt der beiden Normen nicht: Beide verpflichten die Vertragsstaaten, den Flug über ihr Hoheitsgebiet zu dulden. Solange ein Flugzeug auf oder über fremdem Hoheitsgebiet nicht auf dem Boden aufsetzt für eine technische Landung oder um Passagiere oder Fracht aufzunehmen oder abzusetzen, befindet es sich nach dem Wortlaut und nach der Systematik des Transit-Abkommens in einem Überflug. Eine andere Auslegung des Transit-Abkommens lässt sich weder mit dem Text von Art. I TA noch mit dem Sinn und Zweck des Transit-Abkommens begründen und wurde bis jetzt in der Staatenpraxis nicht geltend gemacht[17].

Die Beschränkung auf die beiden Sachverhalte "Überflüge" und "Landung" hat ihren Grund: Alle Abkommen, die seit 1944 als Grundlage für die heutige zivile Luftfahrt ausgearbeitet wurden, gehen von der gleichen Prämisse aus: Die Staaten räumen sich in der multilateralen Vereinbarung (Transit-Abkommen) gegenseitig das Recht zum Überflug und zu nicht-gewerblichen Landungen ein und regeln auf bilateraler Ebene das Recht, im gewerblichen Verkehr im Hoheitsgebiet eines anderen Staates zu landen, um dort unter bilateral definierten Bedingungen (Beschränkung auf vereinbarte Destinationen, Flugpreise, Flugpläne, Kapazität der Flugzeuge) Passagiere und Güter abzusetzen oder aufzunehmen. Staaten, welche das Transit-Abkommen nicht ratifiziert haben, räumen nach dem gleichen Prinzip in bilateralen Luftverkehrsabkommen den Flugzeugen des andern Vertragsstaates das Recht auf Überflug ein.

Vertragsstaaten zu überfliegen. Grundlage solcher Überflüge könnten nur noch die bilateralen Luftverkehrsabkommen bzw. das EG-Recht sein (EG-Verordnung Nr. 2408/92 über den Zugang zu Strecken des innergemeinschaftlichen Flugverkehrs, Art. 3).

17 Bemerkenswert ist, dass der schweizerische Verkehrsminister Bundesrat Leuenberger vor dem schweizerischen Parlament (Nationalrat) in einem Votum geltend gemacht hat, dass Anflüge nicht unter das Transit-Abkommen fallen (Amtliches Bulletin der Bundesversammlung, Sommersession 2002, 13. Sitzung vom 19. Juni 2002, 1038); vgl. dazu auch hinten G.1). Wie weit mit einer solchen Erklärung die Schweiz auf Rechte verzichtet, sei an dieser Stelle offen gelassen. Die deutsche Regierung (anders als die Vertreter der Bundesländer) hat in der öffentlichen Diskussion über die An- und Abflüge über süddeutsches Gebiet offiziell soweit ersichtlich nicht argumentiert, die Anflüge würden nicht unter das Transit-Abkommen fallen, sondern nur geltend gemacht, die Einschränkungen seien wegen der übermässigen Belastung des deutschen Hoheitsgebietes gerechtfertigt. In den Rechtsverfahren kam auch der Anwendungsbereich des Transit-Abkommens zur Sprache.

Diese Ordnung hat ihre Logik: Ökonomisch relevant ist ausschliesslich die Möglichkeit, Passagiere und Güter an einen bestimmten Ort zu bringen oder von dort weg zu befördern. Der Zugang zum Luftmarkt, der nur dadurch ausgeübt werden kann, dass ein Flugzeug in einem andern Land Passagiere oder Güter zu- bzw. ausladen kann, wird primär den bilateralen Luftverkehrsabkommen vorbehalten. Die wirtschaftlich nicht ins Gewicht fallenden Ein- und Durchflugrechte (inklusive Sinkflüge und Landeanflüge) gewähren sich die Staaten grosszügig, denn im System des Chicagoer Übereinkommens gibt es keinen Anlass, diese Ein- und Durchflugsrechte zu beschränken.

D. Überflüge als Rechtsanspruch eines Luftfahrzeuges?

1. Allgemeine Bemerkung zur direkten Anwendbarkeit

Das Chicagoer Übereinkommen und das Transit-Abkommen sind völkerrechtliche Verträge und es ist zu prüfen, wer aus diesen Abkommen Rechte und Pflichten ableiten kann: Sind es die einzelnen Staaten oder sind es die einzelnen Benützer des Luftraumes, d.h. die Luftfahrzeuge? Dabei ist im Auge zu behalten, dass im System des Chicagoer Übereinkommens jedes Luftfahrzeug eindeutig einem Staat zugeordnet werden kann: Gemäss Art. 17 hat ein Luftfahrzeug eine Staatsangehörigkeit, und zwar jene des Staates, in dem es eingetragen ist.

Die Frage, ob Einzelne aus einem völkerrechtlichen Vertrag Rechte ableiten können und ein nationales Gericht auf dieser Grundlage einem Einzelnen ein Recht zusprechen bzw. einen Einzelnen verpflichten kann, ist in der Rechtsprechung und Lehre intensiv diskutiert worden[18]. Nach dem heutigen Stand der Rechtsprechung und der Lehre sind zwei Problemkreise zu unterscheiden: Einerseits ist zu prüfen, ob ein Vertrag überhaupt eine Regelung enthält, die direkt anwendbar ist, anderseits ist zu prüfen, ob eine bestimmte Norm Grundlage sein kann, um eine bestimmte Rechtsfrage zu entscheiden[19]. Die erste Frage ist durch Auslegung des Vertrages zu ermitteln, die zweite entscheidet sich nach dem nationalen Recht[20].

Nach schweizerischer Lehre und Rechtsprechung bildet ein Staatsvertrag nicht generell Grundlage für individuelle Ansprüche; der Richter prüft vielmehr jede einzelne Bestimmung eines Staatsvertrages darauf, ob sie hinrei-

---

[18] Vgl. dazu umfassend WÜGER, Justiziabilität.
[19] WÜGER, Anwendbarkeit 96 ff., mit Verweisen.
[20] WÜGER, Anwendbarkeit 96 mit Verweisen; MÜLLER/WILDHABER 153 ff., 182 ff.

chend bestimmt und für die direkte Anwendung geeignet (justiziabel) ist, damit ein einzelnes Rechtssubjekt daraus Rechte ableiten kann. Massgebend ist, ob eine Bestimmung eines völkerrechtlichen Vertrages geeignet ist, unmittelbare Wirkung zu entfalten[21]. Sofern der Inhalt, der Zweck und die Fassung "mit voller Klarheit die Annahme zulässt, dass eine solche Wirkung gewollt sei", können staatsvertragliche Vorschriften "unmittelbar privatrechtliche Wirkungen ausüben"[22]. Gemäss der jahrelangen Praxis des Bundesgerichts ist dies der Fall, wenn eine Bestimmung

> "(...) inhaltlich hinreichend bestimmt und klar ist, um im Einzelfall Grundlage eines Entscheides zu bilden; die Norm muss mithin justiziabel sein, die Rechte und Pflichten des Einzelnen zum Inhalt haben und Adressat der Norm müssen die rechtsanwendenden Behörden sein"[23].

Neben diesen (objektiven) Kriterien kann zudem entscheidend sein, wie die Vertragsparteien das Abkommen anwenden wollten und ob sie davon ausgingen, dass das Abkommen ohne Einschaltung einzelstaatlicher Gerichte und Verwaltungsbehörden angewendet werden kann[24].

2. Ansprüche gestützt auf Art. 5 des Chicagoer Übereinkommens

Das Chicagoer Übereinkommen formuliert in Art. 5 das Recht auf Ein- und Durchflug als Berechtigung der *Luftfahrzeuge* eines anderen Vertragsstaates:

> "(...) alle nicht im internationalen Fluglinienverkehr eingesetzten *Luftfahrzeuge* der andern Vertragsstaaten (...) das Recht haben (...)" (Hervorhebung eingefügt).

Mit der Formulierung "alle (...) Luftfahrzeuge (...) das Recht haben" definiert das Abkommen, dass aus Art. 5 die *Flugzeuge* der einzelnen Vertragsstaaten berechtigt sind[25]; entsprechend wird auch klar, wozu sich die Vertragsstaaten verpflichtet haben: Jeder Vertragsstaat hat die Ein- und Durchflüge aller Luft-

---

21 VERDROSS/SIMMA 553 f.; siehe auch MÜLLER/WILDHABER 182 f. mit ausführlicher Darstellung der schweizerischen Praxis.

22 BVerfG, Urteil vom 24. Mai 1955; BGHZ 17, 313, Verweis bei VERDROSS/SIMMA 553, FN 38; zur Frage der Auslegung der entsprechenden staatsvertraglichen Bestimmungen siehe ausführlich WÜGER, Anwendbarkeit 113 mit zahlreichen Verweisen.

23 BGE 124 III 90 f.; WÜGER, Anwendbarkeit 98.

24 VERDROSS/SIMMA 553.

25 Dies sind die Luftfahrzeuge im Sinne von Art. 17 des Chicagoer Übereinkommens mit der Staatsangehörigkeit des Staates, in dem sie immatrikuliert sind.

fahrzeuge eines andern Vertragsstaates zu dulden, sofern sie nicht im internationalen Linienverkehr eingesetzt sind[26]; ebenso haben sie die nicht gewerbsmässigen Landungen von Flugzeugen zu erlauben, die nicht im Nichtlinienverkehr eingesetzt sind[27].

3. Ansprüche gestützt auf Art. I des Transit-Abkommens

Anders sind die Rechte und Pflichten im Transit-Abkommen formuliert; die Luftfahrzeuge sind nicht erwähnt, sondern die Vertragsstaaten gewähren sich gegenseitig die im Abkommen definierten Freiheiten der Luft; Art. I Abschnitt 1 des Transit-Abkommens lautet:

> "(...) *Jeder Vertragsstaat gewährt den anderen Vertragsstaaten* die folgenden Luftfreiheiten in bezug auf regelmässige internationale Luftverkehrslinien (...)"; (Hervorhebung eingefügt).

Man könnte geltend machen, die Formulierung, "jeder Vertragsstaat gewährt den andern Vertragsstaaten" schliesse die unmittelbare Anwendbarkeit der Bestimmung aus. Für diese Auslegung könnte sprechen, dass die Nennung der Vertragsstaaten (und nicht der Luftfahrzeuge[28]) gewollt war, weil das Transit-Abkommen davon ausgeht, dass die Staaten in bilateralen Luftverkehrsabkommen die Rechte der Fluggesellschaften konkretisieren, welche Luftfahrzeuge auf den betreffenden Strecken einsetzen (*designated carriers*), und nur aus diesen bilateralen Luftverkehrsabkommen Rechte für einzelne Luftfahrzeuge abgeleitet werden können[29].

Eine solche Auslegung würde zu kurz greifen. Sie verkennt, dass in Art. I Abschnitt 1 des Transit-Abkommens die Vertragsstaaten sich gegenseitig *die Freiheiten* "im planmässigen internationalen Fluglinienverkehr" einräumen. Damit spricht Art. I des Transit-Abkommens an, wer die Rechtssubjekte sind, die sich auf die eingeräumten Freiheiten berufen können, nämlich die im planmässigen internationalen Fluglinienverkehr tätigen Fluggesellschaften,

---

[26] Für den gewerbsmässigen Nichtlinienverkehr sind weitere Einschränkungen zulässig; Art. 5 Abs. 2 Chicagoer Übereinkommen.

[27] SHAWCROSS/BEAUMONT, IV(7), IV(16).

[28] Auch unter dem Transit-Abkommen gilt Art. 17 des Chicagoer Übereinkommens, wonach die Luftfahrzeuge die Staatsangehörigkeit des Staates haben, in dem sie eingetragen sind; Art. I Abschnitt 2; siehe auch vorne D. 2.

[29] In den bilateralen Luftverkehrsabkommen wiederholen die Staaten in der Regel – neben den übrigen Verkehrsrechten – auch die 1. und die 2. Freiheit und bezeichnen die Fluggesellschaften, die sich auf diese Freiheiten berufen können (designated carriers).

welche die betreffenden Staaten gestützt auf die bilateralen Luftverkehrsabkommen als *designated carriers* bezeichnen[30].

Im Weiteren definiert Art. I Abschnitt 1 TA den Umfang der eingeräumten Rechte: "Das Vorrecht (...) zu überfliegen" und "das Vorrecht zu nichtkommerziellen Landungen". Auch dieses Recht kommt (nur) den im planmässigen internationalen Fluglinienverkehr eingesetzten Luftfahrzeugen zu, was dafür spricht, Art. I des Transit-Abkommens als eine direkt anwendbare staatsvertragliche Bestimmung zu betrachten. Dieses Ergebnis wird schliesslich durch Abschnitt 3 von Artikel I Transit-Abkommen bestätigt: Er präzisiert, unter welchen Bedingungen die in Absatz 1 zugesicherten nicht-gewerblichen Landungen stattfinden können, und hält fest, dass ein Vertragsstaat, der "den *Luftverkehrsunternehmen* eines andern Vertragsstaates das Recht zu nichtgewerblichen Landungen gewährt" (Hervorhebung eingefügt), von diesen Luftverkehrsunternehmen die Erfüllung bestimmter Bedingungen verlangen kann. Damit stellt Art. I Abschnitt 3 des Transit-Abkommens klar, dass die Luftverkehrsunternehmen, die Rechte unter dem Transit-Abkommen wahrnehmen, aus diesem direkt berechtigt und verpflichtet werden.

Dieses Ergebnis wird bestätigt durch das deutsche Luftverkehrsgesetz, das in exemplarischer Weise die im Transit-Abkommen verankerten Ansprüche formuliert: § 1c des deutschen Luftverkehrsgesetzes hält fest, dass Flugrechte einem bestimmten *Luftfahrzeug* zustehen: In § 1c des Luftverkehrsgesetzes wird die "Berechtigung zum Verkehr im Luftraum der Bundesrepublik Deutschland" den *Luftfahrzeugen* eingeräumt, seien es "Luftfahrzeuge, die in Mitgliedstaaten der Europäischen Union oder in anderen Vertragsstaaten des Abkommens über den Europäischen Wirtschaftsraum in einem Register eingetragen sind (...)", seien es "Luftfahrzeuge, die ausserhalb der Mitgliedstaaten der Europäischen Union oder in anderen Vertragsstaaten des Abkommens über den Europäischen Wirtschaftsraum in einem Register eingetragen sind, auf Grund zwischenstaatlicher Vereinbarung"[31]. Eine analoge Bestimmung findet sich in Art. 2 des schweizerischen Luftfahrtgesetzes (LFG)[32]: Er hält fest, dass "zum Verkehr im schweizerischen Luftraum" *Luftfahrzeuge* zugelassen sind, die in der Schweiz eingetragen sind oder "für die durch zwischenstaatliche Vereinbarung die Benützung des schweizerischen Luftraums gestattet ist" (Art. 2 Abs. 1 lit. d LFG, Hervorhebung eingefügt).

---

[30] Vgl. auch Art. 96 (a) Chicagoer Übereinkommen. Bei der Ausarbeitung des Transit-Abkommens (1944) waren die meisten Fluggesellschaften mehrheitlich oder ganz im Eigentum der Vertragsstaaten (national carriers), sodass die Beziehung und Identifizierung des Staates mit "seiner" Fluggesellschaft damals weit enger war als heute.

[31] § 1c Abs. 4 des deutschen Luftverkehrsgesetzes.

[32] SR 748.0.

4. Berechtigung unter dem Transit-Abkommen nicht als entziehbares Privileg

Im Lichte der dargestellten Überlegungen wird eine Diskussion gegenstandslos, die im Zusammenhang mit der Kontroverse über die Anflüge über Süddeutschland wiederholt entstanden ist: Die Frage, ob mit Art. 5 Chicagoer Übereinkommen bzw. Art. I Transit-Abkommen ein Privileg eingeräumt werde, das ein Staat jederzeit limitieren könne, oder ob damit ein Anspruch verbunden sei, der im Staatsvertrag selber definiert ist. Der Wortlaut der massgebenden Bestimmungen (Art. 5 ChÜ, Art. I TA, entsprechende Klauseln in bilateralen Luftverkehrsabkommen) sowie deren Sinn und Zweck und die Systematik der Abkommen belegen, dass die Vertragsstaaten mit dem Chicagoer Übereinkommen, dem Transit-Abkommen und mit den Luftverkehrsabkommen in verbindlicher Weise den Luftfahrzeugen der andern Vertragsstaaten Überflugrechte erteilten und ihnen nicht etwa eine Rechtswohltat eingeräumt haben, die sie jederzeit nach Gutdünken einschränken können.

E. Die Beschränkung der Überflüge durch nationales Recht

1. Unter dem Chicagoer Übereinkommen

Das Chicagoer Übereinkommen und das Transit-Abkommen behalten den Vertragsstaaten vor, dass sie die Rechte einschränken können, die sie gestützt auf das Abkommen den Angehörigen anderer Vertragsstaaten eingeräumt haben[33]. Sowohl Art. 2 des Chicagoer Übereinkommens wie auch Art. I Abschnitt 2 des Transit-Abkommens verweisen darauf, dass die eingeräumten Rechte ausgeübt werden können, "vorausgesetzt, dass die Bestimmungen dieses Übereinkommens beachtet werden" (Art. 5 ChÜ) bzw. "im Einklang (...) mit den Bestimmungen des Abkommens über die Internationale Zivilluftfahrt" (Art. I Abschnitt 2 TA). Gemäss Art. 9 ChÜ kann jeder Vertragsstaat "aus Gründen der militärischen Notwendigkeit oder der öffentlichen Sicherheit das Überfliegen bestimmter Gebiete seines Hoheitsgebietes durch Luftfahrzeuge anderer Staaten einheitlich beschränken oder verbieten (...)". Die Formulierung von Art. 9 zeigt ("können das Überfliegen verbieten"), dass das Chicagoer Übereinkommen von einem Recht auf Überflug ausgeht, das ein Staat unter bestimmten Voraussetzungen einschränken kann.

---

[33] Vgl. dazu ausführlich LÜBBEN/OHLHOFF/WOLFRUM 355 ff.

Das Chicagoer Übereinkommen hält weitere Befugnisse fest, welche die eingeräumten Ein- und Überflugrechte beschränken können. Gestützt auf Art. 11 ChÜ müssen für den Ein- und Ausflug in einen Vertragsstaat und innerhalb von dessen Staatsgebiet "die Gesetze und Vorschriften eines Vertragsstaates über den Betrieb und den Verkehr dieser Luftfahrzeuge" angewendet werden. Die Luftfahrzeuge müssen "beim Einflug, Ausflug und innerhalb des Hoheitsgebietes" die Luftverkehrsvorschriften des betreffenden Staates befolgen. Diese Verpflichtung steht allerdings unter einem Vorbehalt: "Vorbehaltlich der Bestimmungen dieses Abkommens" steht am Anfang von Art. 11. Damit bringt das Chicagoer Übereinkommen (erneut) zum Ausdruck, dass die einzelnen Staaten ihre luftverkehrsrechtlichen Vorschriften nicht so ausgestalten können, dass Rechte, die sich auf das Abkommen abstützen, derogiert werden. Vorbehalten bleibt zudem mit diesem Verweis auch Art. 37 des Übereinkommens, wonach sich die Staaten verpflichten, "mitzuarbeiten, den höchstmöglichen Grad an Einheitlichkeit bei Vorschriften, Normen, Verfahren und Organisation in Bezug auf Luftfahrzeuge, (...) Luftstrassen und Hilfsdienste in allen Angelegenheiten zu erlangen, in denen eine solche Einheitlichkeit die Luftfahrt erleichtert und verbessert" (Art. 37 Abs. 1 ChÜ). Jeder Vertragsstaat soll sich an die in den ICAO-Annexen festgehaltenen Normen halten, soweit er deren Anwendung nicht gestützt auf Art. 38 ChÜ abgelehnt hat[34].

2.   Unter dem Transit-Abkommen

Ein Vorbehalt zugunsten nationaler Beschränkungen ist auch im Transit-Abkommen enthalten: Gemäss Art. I Abschnitt 4 kann jeder Vertragsstaat "die Strecke bezeichnen, die innerhalb seines Hoheitsgebietes von jedem internationalen Fluglinienverkehr einzuhalten ist, sowie die Flughäfen, die von diesem benutzt werden dürfen". Das Transit-Abkommen wiederholt damit die Befugnis, die in Art. 11 des ChÜ enthalten ist.

In der Auseinandersetzung zwischen der Schweiz und Deutschland stand nie ernsthaft zur Debatte, dass die deutschen Behörden in Süddeutschland gestützt auf Art. 9 ChÜ eine Sperrzone errichten. Die deutschen Behörden hätten einen solchen Schritt nur schwerlich begründen können, weil die in Art. 9 ChÜ genannten Voraussetzungen nicht erfüllt sind. Die öffentliche Sicherheit ist durch Flugzeuge, die ein Gebiet 600 m - 800 m über Grund überfliegen,

---

[34] Gestützt auf Art. 38 Chicagoer Übereinkommen kann ein Staat von den internationalen Richtlinien und Verfahren abweichen, muss eine solche Abweichung jedoch der ICAO anzeigen.

nicht ernsthaft gefährdet[35]; würde diese Annahme zutreffen, wären mit den gleichen Argumenten die Anflüge über andere Gebiete zu untersagen, erst recht, wenn sie die genannte Höhe unterschreiten. Hingegen ist unbestritten, dass es den deutschen Behörden zusteht, die Luftwege zu bezeichnen, welche die Flugzeuge beim Überfliegen von Süddeutschland einhalten müssen[36].

3. Zulässige und unzulässige Einschränkungen

Gestützt auf die dargestellten Grundlagen des Chicagoer Übereinkommens kann jeder Staat selbständig entscheiden, wo er Flughäfen oder Flugplätze betreibt, und er definiert mit diesem Entscheid zwangsläufig bestimmte Flugrouten[37]. Ein Staat kann jedoch seine Luftverkehrsvorschriften nicht so ausgestalten, dass er Rechte ausschliesst, die er den Angehörigen anderer Vertragsstaaten in multi- oder bilateralen Abkommen eingeräumt hat (insbesondere durch das EU-Recht[38] und durch bilaterale Luftverkehrsabkommen). Ein Staat, der einem anderen Staat Landerechte auf einem bestimmten Flughafen gewährt, darf den Anflug auf diesen Flughafen nicht durch eine nationale restriktive Vorschrift verunmöglichen. Es läge auch ein Verstoss gegen Art. 11 ChÜ vor, wenn ein Staat generell privaten Kleinflugzeugen den Überflug verbietet, weil Art. 5 ChÜ diesen Flugzeugen den Ein- und Durchflug grundsätzlich gestattet, es sei denn, die Voraussetzungen von Art. 9 ChÜ seien erfüllt. Ebenso ist es unzulässig, wenn ein Staat den Flugzeugen eines einzelnen anderen Staates den Durchflug verbietet, weil Art. 11 ChÜ verlangt, dass allfällige Einschränkungen auf die Luftfahrzeuge aller Vertragsstaaten anzuwenden sind[39].

Wie sind unter den dargestellten Voraussetzungen die Einschränkungen zu bewerten, die bewirken, dass zu bestimmten Zeiten Durchflüge durch das

---

[35] Die Flugzeuge, die Süddeutschland im Anflug auf Zürich überfliegen, verletzen weder deutsche noch schweizerische Lärmgrenzwerte, die für den Luftverkehr gelten; vgl. dazu MAJER 1397.

[36] Im Lichte der genannten Bestimmung kann nicht argumentiert werden – wie das im Zusammenhang mit der Diskussion um die Anflüge über Süddeutschland geschehen ist –, ein Staat müsse die An- und Abflüge beschränken können, weil sonst jedes Flugzeug durchfliegen könne, wo es wolle. Es geht bei der Beschränkung der Anflüge auf den Flughafen Zürich um die partielle Einschränkung einer Flugroute, die Deutschland bezeichnet hat.

[37] Vgl. dazu WYSK 271 f.

[38] In Bezug auf den Staatsvertrag dazu ausführlich BENTZIEN, Vertrag 508 ff.

[39] Vgl. dazu die Kontroverse zwischen Indien und Pakistan (1952) und diejenige zwischen Spanien und Grossbritannien über Gibraltar (1967) als die wenigen bekannt gewordenen Auseinandersetzungen über den Umfang des Überflugsrechts; Nachweise bei SHAWCROSS/BEAUMONT, IV(12, FN 1, 3).

Territorium eines Vertragsstaates ausgeschlossen sind? In Anbetracht der Formulierung von Art. 11 ChÜ und Art. I Abschnitt 2 des Transit-Abkommens (Vorbehalt des Chicagoer Übereinkommens) ist es problematisch, wenn ein Staat den Durchflug durch sein Hoheitsgebiet bestimmten zeitlichen Beschränkungen unterwirft, ohne dass die Voraussetzungen von Art. 9 ChÜ erfüllt sind. So wäre es mit Art. 5 ChÜ bzw. Artikel I des Transit-Abkommens nicht vereinbar, wenn ein Staat generell den Durchflug durch sein Hoheitsgebiet während einer Nachtsperrzeit verbietet[40]. Ebensowenig ist es mit dem internationalen Luftrecht vereinbar, wenn ein Staat die Überflüge auf eine bestimmte Anzahl pro Monat oder pro Jahr beschränkt. Es ist denn auch bezeichnend, dass in der Diskussion um die Beschränkung der Anflüge über Süddeutschland nicht geltend gemacht wurde, eine solche zeitliche und numerische Beschränkung der Überflüge sei zulässig. Die Argumentation verlagerte sich auf eine andere Ebene, in dem zwischen An- und Überflügen differenziert und An- und Abflüge vom Anwendungsbereich des Abkommens ausgenommen wurden. Nach dieser Auffassung liegt ein Überflug gemäss Chicagoer Übereinkommen und Transit-Abkommen nur vor, wenn es sich um einen Streckenflug handelt, nicht aber um einen An- oder Abflug[41]. Ob sich diese Differenzierung unter dem Chicagoer Übereinkommen und dem Transit-Abkommen aufrechterhalten lässt, ist im Folgenden zu prüfen.

F.   Abgrenzung zwischen An- oder Abflügen und Überflügen

Das Chicagoer Übereinkommen und das Transit-Abkommen differenzieren nur zwischen Ein- und Durchflügen bzw. Überflügen einerseits und Landungen anderseits[42]. Eine besondere Regelung für An- oder Abflüge gibt es nicht. Selbst in ICAO-Annex 2, der die "Rules of the Air" enthält, ist keine entsprechende Differenzierung oder Definition enthalten. Annex 2 enthält lediglich eine Definition für den Streckenflug (*cruising level*); darunter wird "a level maintained during a significant portion of a flight" verstanden[43]. Diese Definition erscheint jedoch in keinem der beiden Abkommen und sie wird insbesondere nicht dazu gebraucht, deren Anwendungsbereich auf solche "cruising levels" zu beschränken, wie dies im Zusammenhang mit der Diskussion über

---

[40] Ein solches Verbot würde auch noch gegen andere Rechtsnormen verstossen, insbesondere gegen Rechte, die in der Regel in den bilateralen Luftverkehrsabkommen gewährt werden, und gegen EU-Recht.

[41] Vorne C.; gleich nachfolgend F.

[42] Vorne B.

[43] ICAO-Annex 2, Definitions 3.

die Anflüge über Süddeutschland geltend gemacht wurde. Auch die operationell bedingten Einteilungen eines Fluges in bestimmte Segmente für die Flugsicherung sind keine Grundlage für eine rechtliche Unterscheidung, weil es sich dabei klar um betriebliche Vorschriften (Flugverfahren) handelt, nicht aber um die Definition von Rechten und Pflichten in Bezug auf Ein- und Durchflugsrechte[44].

Trotz dieser eigentlich klaren Ausgangslage ist im Zusammenhang mit der Auseinandersetzung zwischen der Schweiz und Deutschland gefordert worden, die Überflüge unter dem Chicagoer Übereinkommen und dem Transit-Abkommen seien auf die Streckenflüge zu begrenzen; damit wird in Bezug auf die Ein- und Durchflugsrechte eine (vertikale) Aufteilung des Luftraums verlangt, die in keinem der relevanten Abkommen vorgesehen ist und damit einer staatsvertraglichen Regelung entbehrt[45]. Es gibt sie auch nicht im Völkergewohnheitsrecht; kein Staat hat bis jetzt bekannt gegeben, dass er Durchflüge unterhalb einer bestimmten Höhe oder Steig- und Sinkflüge vom Überflugrecht ausnehme. Selbst bei grenznahen Flughäfen ist eine solche Beschränkung bis jetzt nicht bekannt geworden[46].

Bezeichnend ist in diesem Zusammenhang, dass die Vereinbarung, welche die deutschen und Schweizer Behörden 1984 in Bezug auf die Überflüge über süddeutsches Gebiet abschlossen, die Frage der Berechtigung nicht anspricht und insbesondere der Schweiz kein Recht auf Überflug einräumt[47]. Es ging in dieser Vereinbarung nicht darum, eine Grundlage für die Überflüge zu schaffen (diese Berechtigung wurde offensichtlich als gegeben betrachtet), sondern nur darum, die schädlichen Auswirkungen des Fluglärms zu regeln (Nachtflugbeschränkungen und Verteilung des Anflugverkehrs auf die Pisten 14 und 16). Dies trifft auch zu für andere Verträge, welche die Benützung des Luftraums benachbarter Staaten für den Betrieb grenznaher Flughäfen regeln: Der Vertrag zwischen Deutschland und Österreich für den Anflug auf den Flughafen Salzburg[48], das Abkommen zwischen der Schweiz und Italien für den Flughafen Agno[49] und das Abkommen zwischen der Schweiz und Österreich

---

[44] Vgl. Chapter 4 der ICAO Procedures Aircraft Operations, Ziff. 4.1, in welchem die Flugverfahren im Initial Approach Segment umschrieben werden.
[45] Ebenso BENTZIEN, Vertrag 514.
[46] BENTZIEN, Vertrag 515, FN 72.
[47] Regelung zwischen der Schweiz und der Bundesrepublik Deutschland für An- und Abflüge zum/vom Flughafen Zürich über deutsches Hoheitsgebiet vom 17 September 1984 (SR 0.748.131.913.6).
[48] BGBl 1974 II 13.
[49] Abkommen zwischen dem Bundesrat der Schweizerischen Eidgenossenschaft und der Regierung der Italienischen Republik über die Instrumentenanflugverfahren für Anflüge zum und Abflüge vom Flugplatz Lugano-Agno vom 11. November 1985 (SR 0.748.131.945.4).

über die Anflüge auf den unmittelbar an der Grenze liegenden Flughafen Altenrhein[50, 51]. Keines dieser Abkommen enthält eine Grundlage für den Ein- oder Durchflug in den Luftraum des Nachbarstaates, sondern beschränkt die Benützung des Luftraumes des Nachbarstaates "in Anerkennung des Schutzbedürfnisses der Anwohner gegen störende Einwirkungen aus dem Betrieb des Flughafens", wie es im Vertrag zwischen der Schweiz und Österreich in der Präambel exemplarisch festgehalten ist. Auch der abgelehnte Staatsvertrag zwischen der Schweiz und Deutschland[52] enthielt keine Grundlage für die Überflugrechte, sondern regelte die "Abwicklung des Luftverkehrs" in einem definierten Luftraum und räumte der schweizerischen Flugsicherung die Kompetenz ein, die Flugzeuge in diesem Gebiet zu kontrollieren (Art. 1). Das II. Kapitel befasste sich mit den "Auswirkungen des Betriebes des Flughafens Zürich auf deutsches Hoheitsgebiet" und regelte insbesondere in Art. 6 den An- und Abflugverkehr zum und vom Flughafen Zürich[53].

---

[50] Vertrag zwischen der Schweizerischen Eidgenossenschaft und der Republik Österreich über die Auswirkungen des Betriebs bestehender grenznaher Flugplätze auf das Hoheitsgebiet des andern Vertragsstaates vom 23. Juli 1991 (SR 0.748.131.916.31).

[51] Beim Flughafen Basel-Mülhausen ist die Ausgangslage etwas anders, weil es sich dabei um einen bi-nationalen Flughafen handelt, der sich auf französischem Staatsgebiet befindet; deshalb musste in Art. 15 des französisch-schweizerischen Staatsvertrages über den Bau und Betrieb des Flughafens Basel-Mülhausen in Blotzheim vom 4. Juli 1949 (SR 0.748.131.934.92) der Zugang zum Flughafen geregelt werden, wobei sich aus Art. 15 klar ergibt, dass damit das Recht zur Landung gemeint ist (inkl. das Recht zur technischen Landung) gemäss dem Transit-Abkommen (2. Freiheit).

[52] Vertrag zwischen der Schweizerischen Eidgenossenschaft und der Bundesrepublik Deutschland über die Durchführung der Flugverkehrskontrolle durch die Schweizerische Eidgenossenschaft über deutschem Hoheitsgebiet und über Auswirkungen des Betriebs des Flughafens Zürich auf das Hoheitsgebiet der Bundesrepublik Deutschland; am 19. Juni 2002 lehnte der Nationalrat das Eintreten auf die Vorlage ab; am 18. März 2003 entschied auch der Ständerat, auf die Vorlage nicht einzutreten; vgl. zum Staatsvertrag die Botschaft vom 8. März 2002, BBl 2002, 3375 ff.

[53] Der Vertrag sah vor, dass Flugzeuge an Werktagen zwischen 22 Uhr und 6 Uhr das deutsche Hoheitsgebiet nicht unter 10'000 m überfliegen dürfen. An Samstagen, Sonn- und Feiertagen sollten Sperrzeiten von 20 Uhr bis 9 Uhr gelten. Zusätzlich galt eine Bewegungsbeschränkung von 100'000 Anflügen pro Kalenderjahr und die Schweiz verpflichtete sich, bis ins Jahr 2005 neue Warte- und Anflugverfahren ausserhalb des deutschen Hoheitsgebietes einzurichten (Art. 6).

G. Die rechtliche Bedeutung der Mindestflughöhen

1. Operationelle Vorschriften über Mindestflughöhen

Im Zusammenhang mit der Auseinandersetzung wurde immer wieder vorgebracht, die in den internationalen Abkommen verbrieften Überflugrechte seien auf den Reiseflug beschränkt. Pointiert hat dies Bundesrat Leuenberger formuliert, als er vor dem schweizerischen Parlament erklärte, das Transit-Abkommen regle den Transit und nicht die Anflüge und diese würden beginnen, sobald die Luftstrasse verlassen werde[54]. (Die Rechtsvertreter der deutschen Regierung haben diese Stelle aus dem Protokoll der Bundesversammlung selbstverständlich genüsslich zitiert).

Eine vertikale Aufteilung des Luftraums gibt es im internationalen und nationalen Luftrecht in Bezug auf die *sicherheitsbedingte Mindesthöhe für Überflüge* und für die *Flugsicherung*: Gemäss ICAO Annex 2, welcher die Flugverfahren regelt (Rules of the Air), haben die Flugzeuge je nach dem, ob es sich um einen Sicht-[55] bzw. um einen Instrumentenflug[56] handelt, eine minimale Höhe einzuhalten[57].

---

[54] Bundesrat Leuenberger dazu wörtlich: "Jenes Abkommen regelt den Transit und nicht die Anflüge. Was ist der Unterschied zwischen Anflügen und Transit? Der Anflug beginnt, wenn die Luftstrasse verlassen wird. Beim Anflug über Süddeutschland wird die Luftstrasse verlassen"; Amtliches Bulletin der Bundesversammlung, Sommersession 2002, Sitzung vom 19. Juni 2002, 1038.

[55] ICAO-Annex 2, Ziff. 4.6:
"Except when necessary for take-off or landing, or except by permission from the appropriate authority, a VFR flight shall not be flown:
a) over the congested areas of cities, towns or settlements or over an open-air assembly of persons at a height less than 300 m (1'000 ft) above the highest obstacle within a radius of 600 m from the aircraft;
b) elsewhere than as specified in 4.6.a), at a height less than 150 m (500 ft) above ground or water."

[56] ICAO-Annex 2, Ziff. 5.1.2:
"Except when necessary for take-off or landing, or except by permission from the appropriate authority, a IFR flight shall be flown at a level which is not below the minimum flight altitude established by the State whose territory is overflown, or, where no such minimum flight altitude has been established:
a) over high terrain or in mountainous areas, at a level which is at least 600 m (2'000 ft) above the highest obstacle located within 8 km of the estimated position of the aircraft;
b) elsewhere than as specified in a), at a level which is at least 300 m (1'000 ft) above the highest obstacle located within 8 km of the estimated position of the aircraft."

[57] Im Zusammenhang mit der Diskussion um den Staatsvertrag zwischen Deutschland und der Schweiz wurde geltend gemacht, diese Vorschriften seien realitätsfremd; es könne nicht sein, dass ein Flugzeug beliebig über ein Gebiet fliegen könne, sofern die

Sowohl Deutschland[58] wie die Schweiz[59] haben diese Mindest-Sicherheits-höhen des ICAO-Annex 2 ins Landesrecht übernommen. Damit bewirken sie, dass in den Zonen unterhalb der definierten Mindesthöhen bestimmte einschränkende Flugverfahren gelten.

2. Keine vertikale Differenzierung in Bezug auf die Hoheitsrechte

Weder das Chicagoer Übereinkommen noch das Transit-Abkommen noch ICAO-Annex 2 oder die Staatenpraxis zu diesen Abkommen enthalten den geringsten Hinweis, dass mit den operationell bedingten Mindesthöhen für die Sicherheit gleichzeitig die bestehenden internationalen Grundlagen (Chicagoer Übereinkommen, Transit-Abkommen, bilaterale Luftverkehrsabkommen) für die Überflüge geändert und neu geregelt werden sollten[60]. Ein Vertragsstaat des Chicagoer Übereinkommens oder des Transit-Abkommens kann deshalb selbst in Bezug auf diese geringen Höhen nicht nach Belieben die Ein- oder Durchflüge limitieren, denn sie sind nach wie vor durch das Chicagoer Übereinkommen und das Transit-Abkommen gedeckt, solange die

---

Minimalhöhen eingehalten werden. Dieses Argument verkennt, dass Annex 2 in Appendix 3 – und entsprechend die nationalen Vorschriften – für Streckenflüge die Höhen definiert. Sobald ein Flugzeug sich im "cruising flight" befindet, muss es sich gemäss Annex 2 Ziff. 5.2 und 5.3 an die im Annex 2 definierten Höhen halten ("cruising level: A level maintained during a significant portion of a flight"; Definitionen von Annex 2).

[58] Gemäss § 6 Abs. 1 der deutschen Luftverkehrs-Ordnung ist die Sicherheitsmindesthöhe "die Höhe, bei der weder eine unnötige Lärmbelästigung im Sinne des § 1 Abs. 2 noch im Falle einer Notlandung eine unnötige Gefährdung von Personen und Sachen zu befürchten ist, mindestens jedoch über Städten, anderen dicht besiedelten Gebieten und Menschenansammlungen eine Höhe von 300 m über dem höchsten Hindernis in einem Umkreis von 600 m (1000 Fuss), in allen übrigen Fällen eine Höhe von 150 m (500 Fuss) über Grund oder Wasser." Für Flüge nach Instrumentenflugregeln setzt § 36 der deutschen Luftverkehrs-Ordnung eine Sicherheitsmindesthöhe von 300 m (1000 Fuss) über dem höchsten Hindernis fest.

[59] Im schweizerischen Recht definiert die Verordnung über die Verkehrsregeln für Luftfahrzeuge vom 4. Mai 1981 (VVR; SR 748.121.11) die Mindestflughöhen. Gemäss Art. 44 VVR beträgt sie bei Sichtflügen über besiedelten Zonen 300 m, anderswo 150 m über Grund, für Instrumentenflüge gemäss Art. 49 VVR im Gebirge mindestens 600 m, anderswo 300 m. Die Reiseflughöhen bestimmen sich gemäss Art. 51 VVR in Verbindung mit Anhang 5 zur VVR.

[60] In der Lehre wird die Auffassung vertreten, dass ein Durchflug auf geringer Höhe nicht mehr "unschädlich" (innocent) sei und deshalb nicht mehr unter das Transit-Abkommen falle; so SCHWENK, Problems 231 f.; es gibt aber keine Belege, dass für das Transit-Abkommen eine solche Einschränkung gelten soll; siehe dazu ausführlich BENTZIEN, Vertrag 512 f. mit zahlreichen Verweisen.

Luftfahrzeuge sich in der Luft befinden und nicht auf dem Boden sind, um Passagiere oder Güter zu- oder abzuladen[61].

Nichts anderes ergibt sich, wenn man argumentiert, An- und Abflüge seien im Rahmen der von der ICAO festgelegten betrieblichen Verfahren für Flugzeuge definiert worden und diese Definitionen seien auch für die Frage massgebend, ob ein Luftfahrzeug den Luftraum eines andern Staates überfliegen dürfe[62]. Bei diesen Verfahrensregeln handelt es sich um operationelle und technische Vorschriften. Käme ihnen die Bedeutung zu, dass sie die im Chicagoer Übereinkommen und im Transit-Abkommen festgehaltenen Rechte modifizieren, müssten handfeste Belege vorhanden sein, die eine solche nachträgliche Änderung der beiden Abkommen nachweisen. Soweit ersichtlich ist dies nicht der Fall; im Gegenteil: Die ICAO weist selber darauf hin, dass solche Verfahren entwickelt wurden, um sie weltweit anzuwenden, dass sie jedoch noch nicht genügend fortgeschritten und verbreitet seien, um sie in einen Annex aufzunehmen[63]. Heute ist deshalb davon auszugehen, dass die im Chicagoer Übereinkommen und im Transit-Abkommen festgelegte Ordnung der Überflugrechte nicht durch nachträgliche Änderungen modifiziert wurde, insbesondere nicht durch die ICAO-Annexe.

Die Auffassung, dass An- und Abflüge über ein fremdes Hoheitsgebiet vom Geltungsbereich des Chicagoer Übereinkommens bzw. des Transit-Abkommens ausgenommen seien, provoziert schliesslich einen erheblichen Erklärungsnotstand: Wenn es zutreffen würde, dass An- und Abflüge über ein fremdes Hoheitsgebiet nicht vom Chicagoer Übereinkommen bzw. vom Transit-Abkommen und bilateralen Luftverkehrsabkommen gedeckt sind, müsste entweder ein internationales Abkommen oder jeder einzelne Staat verbindlich definieren, unter welchen Bedingungen er den ausländischen Luftfahrzeugen Sink- und Steigflüge über sein Hoheitsgebiet gestattet; allenfalls wären solche Rechte in die bi- oder multilateralen Luftverkehrsabkommen aufzunehmen[64]. Im Weiteren müsste er definieren, ab welcher Höhe ein solcher Sink- oder Steigflug vom Anwendungsbereich des Chicagoer Übereinkommens und des

---

61   Vorne A.,B.
62   MENDES DE LEON 11 mit Verweis auf die in den Procedures for Air Navigation Services Aircraft Operation (ICAO Doc. 8168, Ziff. 2.2) enthaltene Definition des Abfluges (departure procedure).
63   Catalogue of ICAO Publications, 2002 Edition, 11, Einleitung zum Abschnitt Procedures for Air Navigation Services.
64   Das Gleiche trifft zu in Bezug auf *Warteräume*: Täglich befinden sich Dutzende von Flugzeugen in fremden Lufträumen in Warteschlaufen auf den unterschiedlichsten Flughöhen. Wenn das Chicagoer Übereinkommen und das Transit-Abkommen nur Überflüge auf Reiseflughöhe decken, müsste jeder Staat eine separate Rechtsgrundlage für die Flüge von fremden Luftfahrzeugen in Warteschlaufen schaffen; das ist bis jetzt soweit ersichtlich nicht der Fall.

Transit-Abkommens ausgenommen ist. Die erwähnten Abkommen über die Anflüge auf grenznahe Flughäfen enthalten die entsprechenden Grundlagen nicht[65].

III. Völkerrechtliches Nachbar- und Umweltrecht

A. Die Vorgaben des völkerrechtlichen Nachbar- und Umweltrechts

Aus luftrechtlicher Sicht sind die Überflüge über fremdes Hoheitsgebiet – selbst in intensiver Form – gestützt auf die genannten internationalen Abkommen grundsätzlich erlaubt. Einschränkungen sind aus definierten Gründen zulässig[66]; Lärmschutz gehört nicht dazu. Grundlagen für den Schutz gegen übermässigen Lärm aus einem grenznahen Betrieb können sich jedoch aus dem völkerrechtlichen Nachbar- und Umweltschutzrecht ergeben.

Der Vertrag, den die Behörden von Deutschland und der Schweiz für die Regelung der Anflüge über deutsches Gebiet abschliessen wollten[67], hatte nicht nur zum Zweck, die Flugsicherung zu regeln, sondern vor allem für die deutschen Anwohner die schädlichen Einwirkungen aus dem Betrieb zu begrenzen. Sachlich gesehen, hängen diese beiden Regelungsbereiche nicht zusammen. Die Flugsicherung hat nichts mit Lärmschutz zu tun, umgekehrt ist es nicht Sache der Flugsicherung, Anwohner eines Flughafens vor Fluglärm zu schützen. Die beiden Themen wurden im Zusammenhang mit den Verhandlungen zwischen Deutschland und der Schweiz verknüpft, weil sich vor allem aus der Sicht von Deutschland damit die Verhandlungsposition optimieren liess: Die schweizerische Seite war (und ist) sehr interessiert, die Flugsicherung für den ganzen Anflugbereich des Flughafens Zürich, d.h. auch über deutschem Hoheitsgebiet ausüben zu können, während Deutschland einer entsprechenden Abtretung der Kompetenzen nur zustimmen will, wenn sich die Schweiz im Gegenzug verpflichtet, Anflüge über deutschem Territorium einzuschränken. In diesem Sinn ist es richtig, den (gescheiterten) Staatsvertrag als "Fremdkörper im System des internationalen öffentlichen Luftrechts" zu bezeichnen[68].

---

[65] Vorne F.
[66] Vorne E.
[67] Vorne F.
[68] BENTZIEN, Vertrag 521.

Völkerrechtliches Nachbarrecht bezweckt die Abwehr von grenzüberschreitendem Schaden. Es definiert die Kriterien, um die Souveränitätsrechte zweier angrenzender Staaten zu limitieren: Zwar hat jeder Staat das Recht, das eigene Territorium zu nutzen, er hat aber auch das Recht, unrechtmässige Einwirkungen abzuwehren[69].

In Bezug auf den Umweltschutz bedeuten die Grundsätze des völkerrechtlichen Nachbarrechts, dass ein Staat keine Immissionen verursachen kann, die grenzüberschreitend erhebliche Auswirkungen haben. Bei Flughäfen an der Grenze stellt sich allerdings das Problem, dass die Lärmquelle nicht der Flughafen selber ist, sondern sich das störende Flugzeug im Hoheitsgebiet des Staates befindet, der die Beeinträchtigung geltend macht. Lärm verursacht nicht der Flughafen, der sich in der Schweiz befindet, sondern das Flugzeug, das auf 1'000 m über Meer deutsches Territorium überfliegt. Die Vorgaben des völkerrechtlichen Nachbar- und Umweltrechts sind jedoch trotzdem massgebend, weil dieses daran anknüpft, dass ein Staat auf seinem Territorium Handlungen vornimmt oder duldet, die sich im Nachbarstaat schädlich auswirken[70]. Im nach wie vor führenden Entscheid i. S. völkerrechtlichem Umweltschutz, im *Trail Smelter Case*[71], befand sich die Zink- und Bleischmelze auf kanadischem Territorium, die dadurch verursachten gefährlichen Gase aus dem Hochofen wirkten sich jedoch für die Anwohner auf amerikanischem Territorium aus.

Es ist im völkerrechtlichen Nachbar- und Umweltschutzrecht unbestritten, dass nur "significant transboundary harm" eine völkerrechtlich relevante Rechtsverletzung darstellt[72]. Im Zusammenhang mit der Auseinandersetzung zwischen Deutschland und der Schweiz fällt auf, dass die deutschen Behörden die Erheblichkeit im Sinne der völkerrechtlichen Rechtsprechung nicht geltend gemacht, geschweige denn nachgewiesen haben[73]. Lehre und Rechtsprechung verweisen in diesem Zusammenhang darauf, dass das Gebot der Gleichbehandlung der Interessen von Betroffenen in Nachbarstaaten massgebend sein müsse[74]: Den Anwohnern im Nachbarstaat soll keine Belastung zugemutet werden, die für die eigenen Einwohner nicht zulässig ist. Auch wenn die deutschen Anwohner zweifellos erheblichen Lärm in Kauf nehmen müssen im Zusammenhang mit den Anflügen über ihr Territorium, steht aus-

---

69 MÜLLER/WILDHABER 663 f.

70 LÜBBEN/OHLHOFF/WOLFRUM 357 ff.

71 Entscheid eines Schiedsgerichts von 1938 und 1941, UNRIAA 3 1905, zitiert bei MÜLLER/WILDHABER 663 ff.

72 Vgl. dazu Text of the draft articles provisionally adopted by the International Law Commission, 1994, Verweis bei MÜLLER/WILDHABER 681 f.

73 MAJER 1397.

74 Vgl. dazu ausführlich LÜBBEN/OHLHOFF/WOLFRUM 357 ff. mit Verweisen.

ser Zweifel, dass nach deutschem Recht ähnliche oder sogar höhere Belastungen an deutschen Flughäfen zulässig und üblich sind. Die Anwohner der interkontinentalen deutschen Flughäfen sind weit intensiverem Lärm ausgesetzt als die Anwohner in der Anflugschneise der Pisten 14 und 16 des Flughafens Zürich; insbesondere haben sie tiefere Überflüge und kürzere Nachtruhezeiten in Kauf zu nehmen[75]. Ebenso ist unbestritten, dass die Anwohner in Deutschland selbst zum Zeitpunkt, bevor die deutschen Anflugbeschränkungen vom Oktober 2001 in Kraft traten[76], weniger Lärm ausgesetzt waren als die schweizerischen Anwohner, weil sich der intensive Lärm startender Flugzeuge zu 95% auf schweizerischem Territorium auswirkte. Es dürfte deshalb den deutschen Anwohnern kaum gelingen, aus dem völkerrechtlichen Nachbarrecht Ansprüche auf Abwehr des Fluglärms zu begründen.

B. Konsultationspflicht gemäss völkerrechtlichem Nachbarrecht

Zum völkerrechtlichen Nachbarrecht gehört die Pflicht, dass der betroffene Staat über Vorhaben an der Grenze informiert und konsultiert werden muss[77]. In Bezug auf den Flughafen Zürich hat das Bundesgericht im Entscheid über die Rahmenkonzession für den Ausbau des Flughafens Zürich vom 24. Juni 1998[78] dieses Prinzip ausdrücklich festgehalten und verlangt, dass im Umweltverträglichkeitsbericht die Fluglärmbelastung im süddeutschen Raum aufgezeigt werden müsse. Dies werde es dem (damaligen) EVED erlauben, die Interessen der Lärmbetroffenen auf deutschem Gebiet zu berücksichtigen. Der Flughafen Zürich und das UVEK haben bei der Festlegung der An- und Abflugverfahren die entsprechenden Abwägungen vorgenommen. Dabei wurde insbesondere festgestellt, dass die südlich und westlich gelegenen Gebiete des Flughafens dichter besiedelt sind als diejenigen im Norden und der damals genehmigte Betrieb die umweltverträglichste Lösung darstelle[79].

---

75 LÜBBEN/OHLHOFF/WOLFRUM 363 ff. mit Verweisen.
76 Zweite Verordnung zur Änderung der 204. Durchführungsverordnung zur Luftverkehrsordnung vom 17. September 2001, Bundesanzeiger Nr. 183, 2001.
77 MÜLLER/WILDHABER 678 mit Verweisen.
78 BGE 124 II 293, 331 f., E.18 c.
79 Vgl. dazu Baukonzession Dock Midfield vom 5. November 1999, 27 f., 35 ff..

IV. Zusammenfassung und Schlussfolgerungen

Das Chicagoer Übereinkommen, das Transit-Abkommen und bilaterale Luft-verkehrsabkommen sind seit Jahrzehnten die unbestrittene Basis für Ein- und Durchflüge über fremdes Hoheitsgebiet. Diese Überflüge wurden ebenfalls in jahrzehntelanger Praxis immer als komplementär zu der Zeitspanne gesehen, in welcher sich ein Flugzeug auf dem Boden befindet, um dort Passagiere oder Güter zu- oder abzuladen. Nach diesem Verständnis sind im internatio-nalen Luftverkehr eingesetzte Flugzeuge entweder in der Luft oder am Bo-den: Solange sie in der Luft sind, fallen sie – je nach dem, wie sie eingesetzt sind (gewerblicher/nicht-gewerblicher Verkehr/Linien-, Nichtlinienverkehr) – unter den Anwendungsbereich des Chicagoer Übereinkommens, des Transit-Abkommens und der bilateralen Luftverkehrsabkommen. Wenn sie sich am Boden befinden, fallen sie – ebenfalls nach der Art und Weise, wie sie einge-setzt sind – unter die Regelung des Chicagoer Übereinkommens, des Transit-Abkommens (Recht auf nicht-gewerbliche Landung) oder der bi- bzw. multi-lateralen Luftverkehrsabkommen. Im Zusammenhang mit der Auseinander-setzung zwischen der Schweiz und Deutschland über Anflüge über deutsches Hoheitsgebiet ist diese – bisher unbestrittene – Ordnung in Frage gestellt worden, um Anliegen des Lärmschutzes durchzusetzen. Es besteht kein Zwei-fel, dass auch im internationalen Luftrecht die Fragen der Umweltbelastung und des Lärmschutzes geregelt und gelöst werden müssen. Die Aufweichung und Modifikation der Ordnung des Chicagoer Übereinkommens und des Transit-Abkommens für Überflüge ist dafür jedoch ein denkbar ungeeignetes Instrument[80]. Das einzige sachgerechte Instrumentarium, um grenzüberschrei-tende Umweltbelastungen zu regeln, sind das *Umwelt-Völkerrecht* und das *völkerrechtliche Nachbarrecht*[81] sowie innerhalb der EU die Normen des EU-Rechts[82].

---

[80] BENTZIEN bezeichnet den Vertrag als "einen erstaunlichen Fremdkörper im System des internationalen öffentlichen Luftrechts" (Vertrag 521).

[81] Die Schweiz hat sowohl mit Italien wie auch mit Österreich Abkommen abgeschlos-sen, um die Lärmauswirkungen von tiefliegenden Flugzeugen über fremdem Hoheits-gebiet zu regeln, weil es sich zeigte, dass die Anwohner durch den Fluglärm übermäs-sig belastet wurden; vorne F. Auch im Verhältnis mit Deutschland ist eine bilaterale Regelung nur geboten, soweit damit eine übermässige Belastung des süddeutschen Raums vermieden werden kann.

[82] Insbesondere Art. 8 und 9 der EG-Verordnung Nr. 2408/92 und der Richtlinie 2002/30/EG über Regeln und Verfahren für lärmbedingte Betriebsbeschränkungen auf Flughäfen der Gemeinschaft.

Auswirkungen des Luftverkehrsabkommens zwischen der Schweiz und der Europäischen Gemeinschaft auf die Flughäfen

Simon Hirsbrunner[*]

---

[*] Der Autor dankt Herrn Lukas Rhomberg, LL.M., Attorney-at-Law, für die wertvolle Unterstützung bei der Vorbereitung dieses Manuskripts. – Vgl. für Literatur, Rechtsquellen, Judikatur, Materialien und Abkürzungen die Verzeichnisse vorn in diesem Band.

I.   Ausgangspunkt

Das Abkommen zwischen der Schweizerischen Eidgenossenschaft und der Europäischen Gemeinschaft (im Folgenden EG) vom 21. Juni 1999 über den Luftverkehr (im Folgenden auch: „Luftverkehrsabkommen Schweiz – EG")[1] ist im Juni 2002 in Kraft getreten. Seither garantiert es schweizerischen Fluggesellschaften das Recht, Flüge zwischen der Schweiz und den Mitgliedstaaten der EG, und seit dem 1. Juni 2004 auch Flüge innerhalb der EG, zwischen EG-Mitgliedstaaten, durchzuführen.

Hervorstechendes Merkmal des Abkommens ist, dass es auf einer weitgehenden Übernahme des „*acquis communautaire*" beruht. Nach dem Vorbild des EWR-Abkommens wird dieser „*acquis*" teils im Haupttext des Abkommens, teils in der Anlage zum Abkommen übernommen. Auch die organisationsrechtlichen Strukturen sind an das EWR-Modell angelehnt. Die Zuständigkeit zur Anwendung des Abkommens ist auf zwei Pfeiler verteilt worden. Einer von diesen beiden Pfeilern, die Europäische Kommission, hat weitreichende Befugnisse erhalten, bei grenzüberschreitenden Sachverhalten auch in der Schweiz tätig zu werden. Die Kommission untersteht dabei der ausschliesslichen Kontrolle durch den Gerichtshof der Europäischen Gemeinschaften. Daneben gibt es einen Gemischten Ausschuss, den Luftverkehrsausschuss Gemeinschaft/Schweiz. Dieser soll sich um die Weiterentwicklung des Abkommens kümmern, und er soll als Forum zur Beilegung von eventuellen Meinungsverschiedenheiten dienen.

Eine derartige Struktur, die auf einer weitgehenden Übernahme des „*acquis communautaire*" beruht, weist mehrere Vorteile auf:

Sie ist aus Sicht der *Rechtsetzungstechnik* einfach, und hoffentlich auch bei der *Rechtsanwendung* einfach zu handhaben.

Sie berechtigt ausserdem zur Erwartung einer gewissen *Rechtssicherheit*. Mit dem Abkommen hat die Schweiz nicht die Katze im Sack gekauft, sondern hat vielmehr eine Gesamtheit von Regeln übernommen, mit deren Anwendung bereits Erfahrungen bestehen. Die Rechtssicherheit wird dadurch verstärkt, dass mit den Bestimmungen des „*acquis communautaire*" die Recht-

---

[1]   SR 0.748.127.192.68. Vgl. nachfolgend zu den zitierten Rechtstexten jeweils die Website der Bundesverwaltung unter der Adresse www.admin.ch/ch/d/eur/index.html (besucht am 21. Oktober 2004), auf der die Rechtssammlung der „sektoriellen Abkommen" (Bilaterale 1) veröffentlicht ist. Vgl. allgemein zum Luftverkehrsabkommen Schweiz – EG AUER; BENTZIEN, Abkommen; DETTLING-OTT, Abkommen; HALDIMANN, Grundzüge; sowie HALDIMANN, Luftverkehrsabkommen.

sprechung des Gerichtshofs der Europäischen Gemeinschaften übernommen wird.

In der Schweiz ist immer auch die Auffassung vertreten worden, dass die Übernahme des *„acquis communautaire"* der Schweiz den gleichberechtigten Zugang zum Luftverkehrsbinnenmarkt eröffne. Gerade hinter letztere Annahme muss jedoch seit kurzem ein Fragezeichen gesetzt werden. Tatsächlich hat die Europäische Kommission in ihrer Entscheidung vom Dezember 2003 zu den An- und Abflugbeschränkungen am Flughafen Zürich die Auffassung vertreten, dass die Schweiz *„zu diesem Zeitpunkt nicht am Luftverkehrsbinnenmarkt"* teilnehme. Vielmehr sehe das Luftverkehrsabkommen Schweiz – EG *„nur einen Austausch von Verkehrsrechten"* vor[2]. Sollte die Kommission mit dieser Auffassung Recht haben, könnte dies auch die beiden anderen Annahmen in Frage stellen, die soeben hinsichtlich der einfachen Handhabung und der Rechtssicherheit gemacht worden sind. Denn wenn die Schweiz nicht gleichberechtigt am Luftverkehrsbinnenmarkt teilnimmt, bedeutet das, dass die Grundsätze, die zum *„acquis communautaire"* entwickelt worden sind, nicht einfach eins zu eins auf die Schweiz übertragen werden können. Das könnte die Rechtsanwendung in der Schweiz erschweren und zudem die Rechtssicherheit beeinträchtigen.

II. Anwendbarkeit des Luftverkehrsabkommens Schweiz – EG auf Flughäfen

Vorauszuschicken ist, dass der Anwendungsbereich des Luftverkehrsabkommens Schweiz – EG nicht umfassend ist. Er setzt zum einen das Bestehen der ICAO-Regelungen voraus, die im Beitrag von DETTLING-OTT beschrieben werden. Zum anderen sind die Zuständigkeiten der Schweiz und der EG-Staaten abzugrenzen. Mit diesen Einschränkungen gelten die Bestimmungen des Abkommens laut dessen Art. 2

> „in dem Umfang, in dem sie den Luftverkehr oder unmittelbar damit zusammenhängende Angelegenheiten wie im Anhang zum Abkommen aufgeführt betreffen".

---

[2] Entscheidung der Europäischen Kommission vom 5. Dezember 2003 zu einem Verfahren bezüglich der Anwendung von Artikel 18 (2), erster Satz, des Abkommens zwischen der Europäischen Gemeinschaft und der Schweizerischen Eidgenossenschaft über den Luftverkehr und der Verordnung (EWG) Nr. 2408/92 des Rates (Sache TREN/AMA/11/03 – Deutsche Massnahmen bezüglich An-/Abflügen zum/vom Flughafen Zürich), ABlEU 2004 L4/13, L4/21, Rn. 35 b).

Diese Formulierung enthält zwei Anknüpfungspunkte, die den Anwendungsbereich des Abkommens für Angelegenheiten der Flughäfen öffnen. Der eine
Anknüpfungspunkt ist der Begriff des „*Luftverkehrs*". Dieser erfasst zumindest die Dienstleistungen, ohne die Luftverkehr nicht stattfinden kann, also
das Zurverfügungstellen der Start- und Landepisten, die Einrichtung und der
Betrieb von Landeanflugsystemen usw. Ob der Begriff des „Luftverkehrs"
auch alle Dienstleistungen erfasst, die die Durchführung des Luftverkehrs
unterstützen wie z.B. der Betrieb eines Computerreservierungssystems, ist
fraglich. Wenn sich diese nicht dem „Luftverkehr" zuordnen lassen, werden
sie zumindest von dem Begriff der „*unmittelbar mit dem Luftverkehr zusammenhängenden Angelegenheiten*" erfasst, der den zweiten Anknüpfungspunkt
des Art. 2 Luftverkehrsabkommen Schweiz – EG darstellt. Ob daneben auch
Dienstleistungen aus dem „*Non Aviation-Bereich*" „unmittelbar mit dem
Luftverkehr zusammenhängende Angelegenheiten" im Sinne des Abkommens sein können, ist offen.

Fraglich ist die Bedeutung, die dem in Art. 2 enthaltenen Verweis auf den
Anhang zum Abkommen zu geben ist. Er kann als Einschränkung verstanden
werden in dem Sinne, dass nur solche „unmittelbar zusammenhängende Angelegenheiten" unter das Luftverkehrsabkommen fallen, die im Anhang zum
Abkommen erwähnt werden. Oder der Verweis kann als Klarstellung verstanden werden. Damit ist gemeint, dass sich der Anwendungsbereich des
Abkommens zuallererst aus einer originären Auslegung des Begriffs der
„unmittelbar mit dem Abkommen zusammenhängenden Angelegenheiten"
ergibt. Wenn sich bei dieser Auslegung Zweifel ergeben, sollte der Anhang
hinzugezogen werden, um Klarheit darüber zu gewinnen, ob eine bestimmte
Angelegenheit unter das Abkommen fällt oder nicht.

Zusammengefasst ist der Anwendungsbereich des Luftverkehrsabkommens
Schweiz – EG weit genug formuliert, damit er Angelegenheiten der Flughäfen
erfasst. Ausserhalb des eigentlichen Kernbereichs des Luftverkehrs ist durch
Auslegung zu ermitteln, ob eine bestimmte Flughafenangelegenheit unter das
Abkommen fällt oder nicht.

III. Überblick über die Bestimmungen des Abkommens, die für Flughäfen von Relevanz sein können

Das Luftverkehrsabkommen Schweiz – EG enthält mehrere Bestimmungen, die für die Flughäfen relevant sein können. In erster Linie gehört dazu Art. 3 des Abkommens[3]. Dieser statuiert ein allgemeines Verbot der Diskriminierung aufgrund der Staatsangehörigkeit. Er dient als Generalklausel und ist vor allem dann relevant, wenn es an einer spezifischen Regelung mangelt. Die weiteren Bestimmungen, die Flughäfen betreffen können, lassen sich in drei Kategorien einteilen. Es gibt zunächst die Bestimmungen, die zugunsten von Fluggesellschaften den Marktzugang gewährleisten. Es handelt sich dabei im Wesentlichen um Bestimmungen auf Verordnungsstufe. Deren Schutzbereich erfasst vordergründig nur die Fluggesellschaften. Er kann sich jedoch auch auf Flughäfen auswirken, wie sogleich ausgeführt werden soll. Anschliessend gibt es die kartellrechtlichen Bestimmungen. Gemeint ist damit das Kartellverbot des Art. 8 und das Verbot der missbräuchlichen Ausnutzung einer marktbeherrschenden Stellung gemäss Art. 9 des Abkommens. Diese Verbote sind bereichsübergreifend anwendbar, erfassen also auf jeden Fall auch Flughäfen. Zu den kartellrechtlichen Bestimmungen gehört auch die Verordnung über die Kontrolle von Unternehmenszusammenschlüssen (Fusionskontrollverordnung)[4]. Beachtung verdient schliesslich das Verbot staatlicher Beihilfen in Art. 13 des Abkommens.

---

[3] Art. 3 Luftverkehrsabkommen Schweiz – EG lautet: „Im Anwendungsbereich dieses Abkommens ist unbeschadet besonderer Bestimmungen des Abkommens jegliche Diskriminierung auf Grund der Staatsangehörigkeit verboten."

[4] Der Anhang zum Abkommen nimmt noch Bezug auf die Verordnung (EWG) Nr. 4064/89 des Rates vom 21. Dezember 1989 über die Kontrolle von Unternehmenszusammenschlüssen, ABlEU 1989 L395/1; innerhalb der EG ist diese inzwischen ersetzt worden durch die Verordnung (EG) Nr. 139/2004 des Rates vom 20. Januar 2004 über die Kontrolle von Unternehmenszusammenschlüssen, ABlEU 2004 L24/1.

IV. Bestimmungen zur Gewährleistung eines diskriminierungsfreien Marktzugangs für Fluggesellschaften

A. Verordnung 2408/92 über den Zugang von Luftfahrtunternehmen zu Strecken des Flugverkehrs

Die Gewährleistung eines diskriminierungsfreien Marktzugangs für Fluggesellschaften ist eines der zentralen Ziele des Abkommens. Das Hauptinstrument zur Erreichung dieses Ziels ist die Verordnung 2408/92 vom 23. Juli 1992[5]. Im Rahmen des Luftverkehrsabkommen wird die Verordnung weitgehend von der Europäischen Kommission angewandt. Eine Ausnahme gilt nur für Umweltschutzmassnahmen, die in der Schweiz angeordnet werden und die dabei Flughäfen betreffen können. Solche Umweltschutzmassnahmen werden nicht von der Europäischen Kommission, sondern vom Gemischten Ausschuss beurteilt, der einleitend erwähnt worden ist[6].

Die Verordnung 2408/92 befasst sich mit dem Zugang von Fluggesellschaften zu Strecken im Luftverkehrsbinnenmarkt. Sie bildet ferner die Grundlage, um staatliche Massnahmen daraufhin zu überprüfen, dass sie sich nicht in nachteiliger Weise auf den Marktzugang von Fluggesellschaften auswirken. Der Europäische Gerichtshof hat zu der Verordnung ausgeführt, dass sie gewissermassen der letzte Baustein zur Schaffung des Luftverkehrsbinnenmarktes ist und dabei die Dienstleistungsfreiheit für Fluggesellschaften verwirklicht[7].

---

[5] Verordnung (EWG) Nr. 2408/92 des Rates vom 23. Juli 1992 über den Zugang von Luftfahrtunternehmen der Gemeinschaft zu Strecken des innergemeinschaftlichen Flugverkehrs, ABlEU 1992 L240/8; vgl. allgemein zur Verordnung Nr. 2408/92 Niejahr, Kommentierung; vgl. zur Verordnung Nr. 2408/92 im Zusammenhang mit der Auseinandersetzung über die deutschen Beschränkungen des An- und Abflugverkehrs zum Flughafen Zürich Majer, 1400 ff.

[6] So Art. 18 Abs. 2 Satz 2 Luftverkehrsabkommen Schweiz – EG: „In Fällen, in denen die Schweiz Massnahmen zum Umweltschutz gemäss Art. 8 Abs. 2 oder Art. 9 der Verordnung (EWG) Nr. 2408/92 des Rates getroffen hat oder zu treffen beabsichtigt, entscheidet der Gemischte Ausschuss auf Verlangen einer der Vertragsparteien über die Vereinbarkeit der betreffenden Massnahme mit diesem Abkommen."

[7] EuGH, Slg. 2001, I-38, I-401, Rn. 32, Italienische Republik/Kommission; vgl. dazu Kommission, Entscheidung zu den französischen Verkehrsaufteilungsregeln für das Pariser Flughafensystem, 1995 Nr. L162/25, L162/30; Entscheidung über den Zugang zum Flughafen Karlstad, ABlEU 1998 L233/25, L233/28; Entscheidung über die ita-

Die Verordnung erfasst auch Behinderungen des Marktzugangs, die an Flughäfen bestehen. Es gibt mindestens fünf Fallgestaltungen, in denen dies der Fall sein kann:

Die Verordnung 2408/92 erfasst zunächst staatliche Anordnungen zur *Aufteilung des Flugverkehrs innerhalb von sogenannten Flughafensystemen*[8]. Unter einem Flughafensystem wird dabei ein Verbund von zwei oder mehr Flughäfen verstanden, die dieselbe Stadt oder dasselbe Ballungsgebiet bedienen. Beispiele von Flughafensystemen gibt es in London, Paris, Mailand und Berlin, nicht aber in der Schweiz. Die Verordnung erlaubt es, staatliche Massnahmen zur Aufteilung des Flugverkehrs innerhalb eines Flughafenssystems daraufhin zu überprüfen, dass sie keine unbillige Bevorzugung des *„home carriers"* beinhalten oder dass sie sonst wie den Wettbewerb verzerren. Die Kontrollbefugnisse, die durch die Verordnung 2408/92 definiert werden, erfassen zudem *Betriebsvorschriften*, die an Flughäfen erlassen werden. Darunter können auch Nachtflugverbote fallen[9]. Die Verordnung erfasst auch die Festsetzung der *Flughafengebühren*, soweit sich diese auf den Marktzugang von Fluggesellschaften auswirken können[10]. Ausserdem kann die Verordnung die Anordnungen eines Mitgliedstaates betreffen, die sich auf den An- und Abflugbetrieb eines Flughafens auswirken, der sich auf dem Gebiet eines benachbarten Staates befindet. Das hat die Europäische Kommission in ihrer Entscheidung betreffend den Flughafen Zürich bestätigt[11]. Schliesslich kann die Verordnung 2408/92 auch Anordnungen betreffen, durch die der Einsatz von bestimmten Flugzeugtypen an Flughäfen verboten oder vorgeschrieben wird[12].

---

lienischen Verkehrsaufteilungsregeln für das Mailänder Flughafensystem, ABlEU 1998 L337/42, L 337/51; Entscheidung Viva Air, ABlEU 1993 L140/51.

8 Siehe dazu den Wortlaut des Art. 8 Abs. 1 der Verordnung Nr. 2408/92: „Diese Verordnung berührt nicht das Recht eines Mitgliedstaats, ohne Diskriminierung aus Gründen der Staatsangehörigkeit oder der Identität des Luftfahrtunternehmens die Aufteilung des Verkehrs auf die einzelnen Flughäfen eines Flughafensystems zu regeln."

9 So auch NIEJAHR, Kommentierung, Rn. 232.

10 Vgl. dazu EuGH, Slg. 2001, I-4845, I-4873, Rn. 20, Kommission/Portugiesische Republik.

11 Oben FN 2.

12 Entscheidung der Europäischen Kommission vom 22. Juli 1998 über ein Verfahren zur Anwendung der Verordnung (EWG) Nr. 2408/92 des Rates (Sache VII/AMA/10/97 – Zugang zum Flughafen Karlstad), ABlEU 1998 L233/25.

B. Berücksichtigung der Interessen der Flughäfen bei der Anwendung der Verordnung 2408/92

Die Geister scheiden sich an der Frage, ob die Interessen der Flughäfen bei der Anwendung der Verordnung berücksichtigt werden müssen, bzw. ob die Flughäfen aufgrund der Verordnung Rechte beanspruchen dürfen. Es gibt dazu zwei widerstreitende Meinungen.

Die restriktive Meinung geht davon aus, dass die Verordnung 2408/92 allein darauf abzielt, Hindernisse des Marktzugangs für die Fluggesellschaften aus-zuräumen[13]. Deshalb, so wird argumentiert, spielen die Auswirkungen einer Massnahme auf die Flughäfen für eine Beurteilung nach der Verordnung keine Rolle, selbst wenn es um eine Massnahme geht, die bei einem Flughafen angeordnet wird. Die Flughäfen befinden sich dann gewissermassen in einem „toten Winkel", der dem Schutzbereich der Verordnung entzogen ist. Wenn diese Auffassung zuträfe, wäre sie höchst unbefriedigend. Sie unterscheidet künstlich zwischen den Interessen der Fluggesellschaften und der Flughäfen, ohne dem Umstand Rechnung zu tragen, dass diese Interessen in Wirklichkeit eng miteinander verkoppelt sind. Wenn der Flughafen bei der Erbringung seiner Dienstleistungen behindert wird, wirkt sich das zwangsläufig auf die Möglichkeiten der Fluggesellschaften aus, den Flughafen anzufliegen und von ihm aus Beförderungsdienstleistungen durchzuführen. Hinzu kommt, dass die Beurteilung nach der Verordnung 2408/92 regelmässig eine Verhält-nismässigkeitsprüfung mit umfasst. Eine Verhältnismässigkeitsprüfung zeich-net sich jedoch gerade dadurch aus, dass sie möglichst alle Umstände berück-sichtigt. Werden im Vornherein gewisse Umstände als nicht prüfungsrelevant ausgeschlossen, obwohl sie mit dem zu beurteilenden Sachverhalt eng ver-bunden sind, werden dadurch Sinn und Effektivität der Verhältnismässig-keitsprüfung beeinträchtigt.

Aus diesen Gründen geht die weniger restriktive Meinung davon aus, dass auch die Auswirkungen auf den Flughafen zu berücksichtigen sind, wenn eine Massnahme an einem Flughafen zu beurteilen ist.

---

[13] So die Europäische Kommission in ihrer Entscheidung vom 5. Dezember 2003 betref-fend deutsche Massnahmen bezüglich An-/Abflügen zum/vom Flughafen Zürich, oben FN 2, Rn. 31 sowie Rn. 40.

C. Richtlinie 2002/30 über Regeln und Verfahren für lärmbedingte Betriebsbeschränkungen auf Flughäfen

Gewissermassen ergänzt wird die Verordnung 2408/92 durch die Richtlinie 2002/30 vom 26. März 2002. Diese betrifft Regeln und Verfahren für lärmbedingte Betriebsbeschränkungen auf Flughäfen der Gemeinschaft[14]. Diese Richtlinie ist am 22. April 2004 in das Abkommen integriert worden[15]. Sie richtet sich an die nationalen Gesetzgeber, die dazu verpflichtet werden, die erforderlichen Massnahmen zu ergreifen, um die folgenden beiden Zielsetzungen zu verwirklichen: eine *kohärente Handhabung von Flugbetriebsbeschränkungen*, die innerhalb der Gemeinschaft und – das muss man gedanklich ergänzen – der Schweiz bei Flughäfen angeordnet werden, und ausserdem die Verwirklichung eines *ausgewogenen Lärmschutzansatzes*.

Der ausgewogene Lärmschutzansatz soll mit Hilfe einer Mehrzahl von Instrumenten erreicht werden[16]. Dazu gehört die Reduktion des Lärms an der Quelle durch technische Massnahmen an den Flugzeugen; hinzu kommt die Anordnung von lärmreduzierenden Betriebsverfahren und Betriebsbeschränkungen sowie raumplanerische Massnahmen. Insgesamt konkretisiert diese Richtlinie die Verhältnismässigkeitsprüfung. Die Lärmschutzmassnahmen sollen demnach auf eine Weise ausgestaltet werden, dass sie einen maximalen Umweltnutzen bei möglichst geringen Kosten gewährleisten[17]. Massnahmen, die einschneidende Beschränkungen des Flughafenbetriebs bewirken, wie z.B. zahlenmässige Beschränkungen der An- und Abflüge werden dabei tendenziell negativer beurteilt als weniger einschneidende Massnahmen wie etwa die Anordnung von Lärmkontingenten oder die Anordnung des Einsatzes leisen Fluggerätes. Nachtflugverbote dürften auch nach der Richtlinie 2002/30 grundsätzlich zulässig sein[18], ihre Dauer und ihr Umfang sollten jedoch verhältnismässig ausgestaltet werden. Eine offene Frage ist in diesem Zusammenhang, ob es mit Europarecht vereinbar ist, wenn die Flüge des *„home carrier"* teilweise vom Nachtflugverbot ausgenommen werden, wie das offenbar an einzelnen Flughäfen der Fall ist.

---

[14] ABlEU 2002 L85/40.

[15] Beschluss des Luftverkehrsausschusses Gemeinschaft/Schweiz Nr. 3/2004 vom 22. April 2004 zur Änderung des Abkommens zwischen der Europäischen Gemeinschaft und der Schweizerischen Eidgenossenschaft über den Luftverkehr, ABlEU 2004 L151/9.

[16] Vgl. Art. 2 Bst. g der Richtlinie 2002/30, oben FN 14.

[17] So Erwägungsgrund 7 der Präambel zur Richtlinie 2002/30, oben FN 14.

[18] A.A. MAJER, 1402.

V. Verbot des Missbrauchs einer marktbeherrschenden Stellung

Im Vergleich zu den Marktzugangsregeln gestaltet sich die Unterstellung der Flughäfen unter die kartellrechtlichen Vorschriften einfacher[19]. Im Rahmen des Abkommens werden diese Vorschriften von der Europäischen Kommission angewandt, soweit grenzüberschreitende Sachverhalte betroffen sind.

Für die Flughäfen ist vor allem Art. 9 des Luftverkehrsabkommens von Interesse. Dieser verbietet die missbräuchliche Ausnutzung einer marktbeherrschenden Stellung. Die Anwendung dieses Verbots setzt voraus, dass ein Referenzmarkt abgegrenzt wird. Bei Flughäfen stimmt der Markt regelmässig mit dem Flughafengebiet überein. Weil der Flughafenbetreiber in einem so definierten Referenzmarkt alleine tätig ist, wird er fast zwangsläufig als marktbeherrschend angesehen. Ein Anwendungsbeispiel aus der Praxis der Europäischen Kommission, das einen Flughafen betraf, ist der Fall des Brüsseler Flughafens aus dem Jahre 1995[20]. Der Flughafen Brüssel machte in diesem Fall die Höhe der Flughafengebühren von der Anzahl der Flugbewegungen abhängig. Je mehr Flugbewegungen eine Fluggesellschaft abwickelte, desto weniger hohe Gebühren schuldete sie. Die Europäische Kommission war der Meinung, dass dieses Berechnungssystem missbräuchlich sei. Es bevorteile die Fluggesellschaften mit grossem Verkehrsaufkommen, und diskriminiere umgekehrt gegen die Fluggesellschaften mit kleinem Verkehrsaufkommen, ohne dass dafür eine sachliche Rechtfertigung bestehe.

Eine missbräuchliche Ausnutzung einer marktbeherrschenden Stellung kann auch darin bestehen, dass sich der Flughafenbetreiber die Erbringung von Dienstleistungen auf dem Vorfeld vorbehält. Das hat die Europäische Kommission in ihrer Entscheidung aus dem Jahre 1998 zum Flughafen Frankfurt klargestellt[21]. Die Kommission sah in diesem Fall keine sachliche Rechtfertigung dafür, dass der Betreiber des Flughafens Frankfurt potenzielle Interessenten hätte von der Erbringung von Vorfelddienstleistungen ausschliessen dürfen. Weder sei dies notwendig, um den Betrieb des Flughafens zu finanzieren, noch sei es im allgemeinwirtschaftlichen Interesse, dass der Flughafenbetreiber ein Monopol auf Vorfelddienstleistungen habe.

---

[19] Zu den kartellrechtlichen Vorschriften des Luftverkehrsabkommens Schweiz – EG vgl. Hirsbrunner.

[20] Entscheidung der Europäischen Kommission vom 28. Juni 1995 in einem Verfahren nach Art. 90 Absatz 3 EG-Vertrag, ABlEU 1995 L216/8.

[21] Entscheidung der Europäischen Kommission vom 14. Januar 1998 in einem Verfahren nach Art. 86 EG-Vertrag (IV/34.801 – Flughafen Frankfurt/Main AG), ABlEU 1998 L72/30.

VI. Verbot staatlicher Beihilfen

Grundsätzlich verbietet Art. 13 Abs. 1 des Luftverkehrsabkommens staatliche Beihilfen, die durch die Begünstigung bestimmter Unternehmen oder Produktionszweige den Wettbewerb verfälschen oder zu verfälschen drohen und die den Handel zwischen den Mitgliedstaaten der EG und der Schweiz beeinträchtigen[22]. Das Beihilfeverbot wird innerhalb der EG von der Europäischen Kommission und in der Schweiz von der Wettbewerbskommission angewandt[23]. Es hat eine sehr grosse Reichweite und erfasst dabei alle Arten von staatlichen Vergünstigungen, ist also bei weitem nicht nur auf Subventionen beschränkt. Es kann im Rahmen des Anwendungsbereichs des Abkommens auch Beihilfen erfassen, die bei oder für Flughäfen gewährt werden. Dabei gilt es zu differenzieren.

A. Staatliche Vergünstigungen zugunsten eines Benutzers eines Flughafens

Die beihilferechtlichen Bestimmungen des Luftverkehrsabkommens Schweiz – EG können zunächst eingreifen, wenn staatliche Vergünstigungen zugunsten der Benutzer eines Flughafens gewährt werden. Ein aktuelles Beispiel sind die Beihilfen, die zugunsten von Billigfliegern gewährt werden, damit diese einen bestimmten Flughafen anfliegen, wie das im Falle von Ryan Air geschehen ist[24]. Die Beurteilung derartiger Vergünstigungen erweist sich in der Praxis als äußerst komplex. Wenn die Vergünstigungen für die Benutzung eines Regionalflughafens gewährt werden, spielen dabei regelmässig Erwägungen der *Regionalförderung* eine Rolle. Aus Sicht des Beihilferechts geht es darum, die Elemente der staatlichen Vergünstigung herauszufiltern, die wettbewerbsverzerrend und zur Verwirklichung der Regionalförderung nicht erforderlich oder nicht angemessen sind. Ein weiteres wichtiges Kriterium, das in die Beurteilung derartiger Vergünstigungen hineinspielt, ist das *Prinzip des marktwirtschaftlich handelnden privaten Investors*. Nach diesem Prinzip

---

[22] Vgl. zum Beihilfeverbot im Luftverkehrsabkommen Schweiz – EG ZURKINDEN/ SCHOLTEN.

[23] So Art. 103 Bundesgesetz über die Luftfahrt (Luftfahrtgesetz, LFG) vom 21. Dezember 1948 (SR 748.0).

[24] Entscheidung der Europäischen Kommission vom 12. Februar 2004 über die Vorteilsgewährung seitens der Region Wallonien und des Flughafenbetreibers Brussels South Charleroi Airport zugunsten des Luftfahrtunternehmens Ryan Air bei dessen Niederlassung in Charleroi, ABlEU 2004 L137/1.

ist es grundsätzlich kein Problem, dass der Staat oder ein öffentliches Unternehmen Anreize zur Benutzung eines Flughafens gibt, solange nachgewiesen werden kann, dass ein privater Investor, der marktwirtschaftlich handelt, die gleichen Anreize gewährt hätte. Das bedeutet oft, dass staatliche Vergünstigungen nicht zeitlich unbegrenzt gewährt werden dürfen.

Mit dem Beihilfeverbot kann es auch vereinbar sein, dass ein Staat den Flugbetrieb anzukurbeln versucht, indem er die *Flughafengebühren* für die Fluggesellschaften ermässigt. Nach der Praxis der Europäischen Kommission müssen dabei jedoch zwei Bedingungen eingehalten werden[25]. Die Ermässigungen müssen in nicht diskriminierender Weise gewährt werden und sie sollten ausserdem von begrenzter Dauer sein.

B. Staatliche Vergünstigungen zugunsten eines Flughafens

Das Beihilfeverbot des Art. 13 Abs. 1 kann auch staatliche Vergünstigungen erfassen, die zugunsten von Flughäfen gewährt werden. Innerhalb der Europäischen Gemeinschaft kommt das Beihilfeverbot in diesem Bereich erst seit einigen Jahren zum Tragen. Davor wurde der Betrieb eines Flughafens nicht als wirtschaftliche Tätigkeit wahrgenommen, die es zu kontrollieren gilt, oder es wurde davon ausgegangen, dass zwischen Flughäfen kein Wettbewerb bestehe, der durch eine staatliche Beihilfe hätte verzerrt werden können[26]. Staatliche Beihilfen zugunsten von Flughäfen wurden deshalb entweder nicht als Problem wahrgenommen oder sie wurden toleriert. Erst vor kurzem scheint bei der Europäischen Kommission ein Umdenken eingetreten zu sein.

---

[25] Entscheidung der Europäischen Kommission vom 14. Juni 1999 in der Sache NN 109/98 - Manchester Airport, veröffentlicht auf der Website des Generalsekretariats der Europäischen Kommission unter der Adresse http://europa.eu.int/comm/secretariat_general/sgb/droit_com/index_en.htm#aides (besucht am 21. Oktober 2004); vgl. dazu Entscheidung über Beihilfen zugunsten von Ryan Air, oben FN 24, ABlEU 2004 L147/47 f.; ausserdem die Entscheidung der Europäischen Kommission vom 21. Januar 1998 über Beihilfen der Region Flandern zugunsten der Unternehmen Air Belgium und Sunair für die Bedienung des Flughafens Ostende, ABlEU 1998 L148/36.

[26] Vgl. dazu XXIX. Bericht der Europäischen Kommission über die Wettbewerbspolitik 1999, Rn. 299: „... Im Hinblick auf die zunehmende wirtschaftliche Bedeutung von Flughäfen überprüft die Kommission jedoch ihren traditionellen Ansatz, wonach Beihilfen für den Bau oder Betrieb von Flughafeninfrastruktur nicht unter die Vertragsregeln für staatliche Beihilfen fallen. Diese Überlegungen sind unter anderem mit Problemen von kombinierten Gebühren für Transportdienstleistung und Transportinfrastrukturnutzung verbunden."

Die Kommission hatte im Jahre 2001 zu entscheiden, ob der holländische Staat deshalb gegen das Beihilfeverbot verstossen hatte, weil er dem Flughafen Amsterdam Schiphol eine *Befreiung von der Körperschaftssteuer* gewährt hatte[27]. Die Kommission bejahte diese Frage. Sie argumentierte dabei damit, dass sich der Flughafen Schiphol im Wettbewerb mit anderen grossen Flugverkehrsdrehkreuzen in Europa befinde, und dass dieser Wettbewerb durch die Steuerbefreiung verzerrt werde. Die Kommission hat mit ihrer Entscheidung zum Flughafen Amsterdam-Schiphol angedeutet, dass sie bei der Beihilfekontrolle dem stärker werdenden Wettbewerb zwischen Flughäfen in Zukunft vermehrt Rechnung tragen wird. Davon betroffen sind vor allem die grossen, internationalen Flughäfen mit Verkehrsdrehkreuz-Funktion.

Regionalflughäfen haben dagegen nach wie vor grössere Chancen, dass sie durch die Maschen der Beihilfekontrolle schlüpfen. Das wird nachvollziehbar, wenn man sich vor Augen führt, dass der Bau und Betrieb eines Regionalflughafens oft ein an sich defizitäres Geschäft ist, das ein Privater nicht unternähme, weshalb der Staat zwangsläufig in die Lücke springen muss. Somit ist fraglich, ob der Bau und Betrieb eines Regionalflughafens überhaupt eine unternehmerische Tätigkeit ist, die der Beihilfekontrolle unterstellt ist. Manche Regionalflughäfen dürften zudem in keinem wesentlichen Wettbewerb mit anderen Regionalflughäfen stehen. Soweit dies zutrifft, kann eine staatliche Vergünstigung keinen Wettbewerb verzerren, womit es an einem Tatbestandsmerkmal des Beihilfeverbots mangelt[28]. Um festzustellen, ob ein Wettbewerbsverhältnis vorliegt, ist im Einzelfall zu prüfen, ob sich das Einzugsgebiet des betroffenen Regionalflughafens mit dem anderer Flughäfen überschneidet.

---

[27] Entscheidung der Europäischen Kommission vom 3. Juli 2001 in der Sache E 45/2000 – Belastingvrijstelling van Schiphol Group, veröffentlicht auf der Website des Generalsekretariats der Europäischen Kommission (oben FN 25), vgl. Pressemitteilung IP/01/934, veröffentlicht auf der Website der Europäischen Kommission unter der Adresse http://europa.eu.int/comm/press_room/index.htm (besucht am 21. Oktober 2004), zusammengefasst im XXXI. Bericht der Europäischen Kommission über die Wettbewerbspolitik 2001, Rn. 452 f. Zu der Beurteilung von Steuerbefreiungen zugunsten von Flughafenbetreibern vgl. Entscheidung der Europäischen Kommission vom 5. Oktober 2001 in der Sache NN 86/2001 – Aer Rianta, veröffentlicht auf der erwähnten Website des Generalsekretariats der Europäischen Kommission, zusammengefasst im XXXI. Bericht der Europäischen Kommission über die Wettbewerbspolitik 2001, Rn. 455.

[28] Vgl. dazu die Entscheidung der Europäischen Kommission vom 13. März 2001 in der Sache N 58/2000 – Italien betreffend staatliche Finanzierungsmassnahmen zugunsten der Flughäfen von Turin, Cuneo und Biella, veröffentlicht auf der Website des Generalsekretariats der Europäischen Kommission (oben FN 25), zusammengefasst im XXXI. Bericht der Europäischen Kommission über die Wettbewerbspolitik 2001, Rn. 454.

C. Staatliche Vergünstigungen für den Aus- oder Neubau eines Flughafens

Eine andere Frage ist, ob es gegen das Beihilfeverbot verstösst, wenn sich der Staat am Aus- oder Neubau eines Flughafens beteiligt. Ein solcher Fall fällt grundsätzlich nicht unter das Beihilfeverbot, sofern nachgewiesen wird, dass Private die Flughafeninfrastruktur ohne die Beteiligung des Staates nicht errichtet hätten. Rechtlich begründen lässt sich diese Argumentation damit, dass ein Staat, wenn er sich am Aus- oder Neubau eines Flughafens beteiligt, dies in der Regel zur Wahrnehmung von allgemeinen wirtschaftspolitischen Interessen tut[29]. Die Handlungen des Staates fallen damit unter Art. 12 Abs. 2 des Luftverkehrsabkommens. Dieser nimmt Unternehmen, die mit der Erbringung von Dienstleistungen von allgemeinwirtschaftlichem Interesse betraut sind, vom Anwendungsbereich der Wettbewerbsregeln des Abkommens aus. Erneut müssen jedoch zwei Bedingungen eingehalten werden. Die Höhe der staatlichen Vergünstigung, die für den Aus- oder Neubau gewährt wird, muss auf objektive und transparente Weise berechnet werden. Die neue Flughafeninfrastruktur muss zudem aufgrund von objektiven und nicht-diskriminierenden Kriterien allen potenziellen Benutzern zugänglich sein.

VII. Würdigung/Zusammenfassung

Zusammengefasst enthält das Luftverkehrsabkommen Schweiz – EG mehrere Ansatzpunkte, die für Flughäfen relevant sein können. Der Anwendungsbereich des Abkommens ist weit genug definiert, um auch Flughafenangelegenheiten zu erfassen. Ob und in welchem Umfang die Regeln zur Gewährleistung eines diskriminierungsfreien Marktzugangs, die Bestandteil des Abkommens sind, auf die Flughäfen Anwendung finden, ist hingegen umstritten. Die kartellrechtlichen Vorschriften des Abkommens gelten zweifellos auch für die Flughäfen. Auch das Beihilfeverbot des Abkommens kann grundsätzlich für Flughäfen relevant sein. Doch gilt es im Einzelfall nach mehreren Gesichtspunkten zu differenzieren: Wird die Beihilfe für den Flughafen selbst oder

---

[29] Vgl. dazu Entscheidung der Europäischen Kommission vom 14. Juni 1999 in der Sache NN 109/98 – Manchester Airport, veröffentlicht auf der Website des Generalsekretariats der Europäischen Kommission (oben FN 25) ausserdem Mitteilung der Europäischen Kommission über die „Anwendung der Artikel 92 und 93 des EG-Vertrags sowie des Artikels 61 des EWR-Abkommens auf staatliche Beihilfen im Luftverkehr", ABlEU 1994 C350/5, 8.

den Benutzer eines Flughafens gewährt? Handelt es sich beim betroffenen Flughafen um ein internationales Flugverkehrsdrehkreuz oder einen Regionalflughafen? Und schliesslich: Begünstigt die Beihilfe eine unternehmerische Tätigkeit oder dient sie lediglich zur Abgeltung einer Leistung, die im gesamtwirtschaftlichen Interesse erbracht wird und sich deshalb ausserhalb der Reichweite des Beihilfeverbots befindet?

Bau und Betrieb eines Flughafens: Raumplanungsrechtliche Aspekte

ALAIN GRIFFEL

Vgl. für Literatur, Rechtsquellen, Judikatur, Materialien und Abkürzungen die Verzeichnisse vorn in diesem Band.

I. Einleitung

A. Bau und Betrieb eines Flughafens als raumwirksame Tätigkeit

Die mit dem Bau und dem Betrieb eines Flughafens verbundenen Probleme sind komplex. Diese Komplexität verbietet von vornherein eine sektorielle Betrachtungsweise. Erforderlich ist vielmehr eine ganzheitliche Sicht der Dinge, die der Vielfalt der Aspekte Rechnung trägt und die gegenläufigen Nutz- und Schutzinteressen soweit wie möglich harmonisiert[1]. Diese *Harmonisierung* bzw. die Bereitstellung der entsprechenden Verfahren ist auch – wenn nicht gar in erster Linie – Sache der Raumplanung.

Das Raumplanungsrecht befasst sich mit den „raumwirksamen Tätigkeiten"[2]. Dass es sich beim Bau und Betrieb eines Interkontinentalflughafens wie dem Flughafen Zürich – auf den ich meine Ausführungen im Folgenden konzentriere – um eine raumwirksame Tätigkeit erster Güte handelt, bedarf keiner näheren Erörterung. Es ist – bzw. wäre – also zuallererst die Aufgabe der Raumplanung, den Betrieb des Flughafens Zürich in geordnete Bahnen zu lenken und das zu verhindern, was nun in grösster Schärfe aufgebrochen ist: ein massiver, ja unlösbar scheinender Konflikt zwischen verschiedensten aufeinander prallenden Interessen. Um das Raumplanungsrecht herrscht im Zusammenhang mit diesem Konflikt jedoch eine merkwürdige Stille; es scheint schlicht inexistent zu sein. Dabei beschlägt der Betrieb eines Flughafens das Raumplanungsrecht auf vielfältige Weise: Materiell müsste er den *Zielen und Grundsätzen des Raumplanungsgesetzes* entsprechen (II.). Instrumentell müsste er im *Sachplan Infrastruktur der Luftfahrt* (III.) sowie im *kantonalen Richtplan* (IV.) festgelegt sein. Und schliesslich müsste verfahrensmässig die *demokratische Mitwirkung der Bevölkerung* gewährleistet sein (V.). Auf all diese Aspekte werde ich noch ausführlicher eingehen.

Seit dem Inkrafttreten des Raumplanungsgesetzes am 1. Januar 1980 ist nun bald ein Vierteljahrhundert vergangen. Wenn man die *Entwicklung rund um den Flughafen Zürich* betrachtet, merkt man von der Geltung des Raumplanungsgesetzes allerdings wenig bis nichts. So entwickelten sich die acht flughafennahen Glatttalgemeinden Bassersdorf, Dietlikon, Dübendorf, Kloten, Opfikon, Rümlang, Wallisellen und Wangen-Brüttisellen in dieser Zeitspanne

---

[1] Vgl. JAAG, Flughafen 227 f.
[2] Vgl. dazu Art. 1 Abs. 1 und Art. 2 Abs. 1 RPG; Art. 1–3 RPV; TSCHANNEN, Art. 2 Rz. 8 ff.

neben dem Limmattal zum grössten Ballungszentrum der Agglomeration Zürich; man spricht denn auch bereits von der „Glatttalstadt". Während die Wohnbevölkerung in der Stadt Zürich zwischen 1980 und 2000 leicht zurückging, nahm sie in den erwähnten Gemeinden des Glatttals um 10'700 Personen oder 13,7 Prozent zu; Höchstwerte verzeichnen Wangen-Brüttisellen mit 72 Prozent und Bassersdorf mit 41 Prozent. Die Zahl der Arbeitsplätze wuchs in diesen Gemeinden zwischen 1985 und 2001 (noch vor dem Swissair-Grounding) explosionsartig um 55 Prozent; allein im lärmgeplagten Opfikon betrug die Zunahme 125 Prozent[3]. Trotz des Fluglärms unterlag also die Flughafenregion in den letzten 25 Jahren einem massiven Wachstum; dies nicht zuletzt aufgrund ihrer hohen Standortqualität innerhalb der Metropolregion Zürich. Auf einen etwas pointierten Nenner gebracht: Nach dem Zweiten Weltkrieg baute man in einem ersten Schritt ausserhalb der Stadt einen Flughafen, um in einem zweiten Schritt rund um den Flughafen eine Stadt zu bauen. Gleichzeitig versäumte man es, die Expansion des Flughafens raumordnungspolitisch zu steuern[4]. Dass es sich dabei insgesamt um eine raumplanerische Fehlentwicklung handelt, deren Folgeprobleme wir nun bewältigen müssen, ist offensichtlich.

Die Fehler und Versäumnisse der Vergangenheit sollen nachfolgend nicht weiter thematisiert werden. Ich konzentriere mich vielmehr auf die aktuelle – mit der früheren Entwicklung freilich eng zusammenhängende – Problematik, nämlich die Neuordnung des An- und Abflugregimes. Zunächst ist es jedoch angezeigt, in der gebotenen Kürze auf die Kompetenzverteilung im Raumplanungsrecht sowie die planerische Stufenordnung einzugehen.

B.   Zur Kompetenzverteilung im Raumplanungsrecht

Art. 75 BV räumt dem Bund im Sachbereich Raumplanung keine umfassende, sondern lediglich eine Rahmen- oder *Grundsatzgesetzgebungskompetenz* ein: „Der Bund legt Grundsätze der Raumplanung fest"[5]. Den Kantonen und Gemeinden obliegt nicht nur der Vollzug im engeren Sinn, sondern auch die rechtssatzmässige und planerische Konkretisierung der vom Bund festgelegten Grundsätze. Dies ist erheblich mehr als blosser Gesetzesvollzug. Der Bund verfügt aufgrund von Art. 75 BV insbesondere über keine Kompetenz, selbst Raumpläne zu erlassen und sich mit der nutzungsspezifischen Zuord-

---

3   NZZ Nr. 146 vom 26./27. Juni 2004, 57.
4   ALAIN THIERSTEIN, „Der Bund muss aktiv werden" – Perspektiven für Raumentwicklung um den Flughafen, NZZ Nr. 190 vom 17. August 2004, 48.
5   Art. 75 Abs. 1 Satz 1 BV.

nung im Einzelfall zu befassen. In dieser differenzierten Kompetenzzuteilung erblickte der Verfassungsgeber Ende der Sechzigerjahre[6] den geeigneten Kompromiss, um sowohl dem Koordinationsbedarf mit Bezug auf raumwirksame Aufgaben als auch dem Wunsch nach dezentraler Aufgabenerfüllung im Rahmen der tradierten föderalistischen und demokratischen Strukturen Rechnung zu tragen[7].

Gestützt auf diese Grundsatzgesetzgebungskompetenz erliess der Bundesgesetzgeber 1979 das *Raumplanungsgesetz*. Dabei musste er sich in sachlicher Hinsicht auf das beschränken, was im gesamtschweizerischen Interesse einer einheitlichen Regelung bedurfte[8]. Aus diesem Grund handelt es sich beim RPG nicht um eine abschliessende Kodifikation des Raumplanungsrechts; das Gesetz umfasste ursprünglich denn auch lediglich 39 Artikel.

Bereits aufgrund dieser Kompetenzordnung wird ersichtlich, dass die Stellung des Bundes im Zusammenhang mit der Raumplanung eine relativ schwache ist.

C.   Zur raumplanungsrechtlichen Stufenordnung

1.   Kantone und Gemeinden

Das Raumplanungsrecht befasst sich zu einem wesentlichen Teil mit der Bereitstellung optimaler Verfahren[9]. Vertraut ist uns die dreistufige planerische Entscheidfolge *Richtplan–Nutzungsplan–Baubewilligung*[10], die der Komplexität raumwirksamer Aufgaben Rechnung trägt und einen sachgemässen, berechenbaren sowie demokratisch legitimierten Konkretisierungsprozess gewährleisten soll. Dabei handelt es sich – der verfassungsrechtlichen Kompetenzordnung entsprechend – um ein Instrumentarium, welches den Kantonen bzw. Gemeinden zur Verfügung steht. Während die kantonale Richtplanung für eine umfassende Abstimmung aller raumwirksamen Aufgaben sorgt und die anzustrebende räumliche Entwicklung definiert[11], bestimmt die (in der Regel kommunale) Nutzungsplanung parzellenscharf die zulässige Nut-

---

[6]   Der Verfassungsartikel über die Raumplanung (Art. 22^{quater}) wurde 1969 in die Bundesverfassung von 1874 aufgenommen.

[7]   HALLER/KARLEN, Rz. 75.

[8]   Vgl. HALLER/KARLEN, Rz. 78 ff.

[9]   RUCH, Rz. 14.

[10] Vgl. dazu TSCHANNEN, Art. 2 Rz. 23 ff.; HALLER/KARLEN, Rz. 164 ff.

[11] Vgl. Art. 6 und 8 RPG; Art. 4 f. RPV.

zung des Bodens[12]. Das Baubewilligungsverfahren schliesslich bezweckt die einzelfallweise Planverwirklichung und endet mit einer individuell-konkreten Verfügung[13].

2.   Bund

Demgegenüber muss sich der Bund bei Vorhaben, die in seine Sachzuständigkeit fallen, mit einem wesentlich weniger ausdifferenzierten Instrumentarium begnügen. Wie erwähnt verleiht ihm Art. 75 BV keine Kompetenz, selbst raumplanerisch tätig zu sein. Planungsbefugnisse kommen dem Bund lediglich insoweit zu, als sie zur Erfüllung einer ihm anderweitig übertragenen Sachaufgabe notwendig sind. Gemäss Art. 13 Abs. 1 RPG erarbeitet er Grundlagen, um seine raumwirksamen Aufgaben erfüllen zu können; hierzu erstellt er die nötigen *Sachpläne* und Konzepte[14] und stimmt sie aufeinander ab. Oder mit den Worten der Raumplanungsverordnung: „Der Bund erstellt Konzepte und Sachpläne zur Planung und Koordination seiner Aufgaben, soweit sich diese erheblich auf Raum und Umwelt auswirken"[15]. Sachpläne sind also auf die Sachaufgaben des Bundes beschränkte Koordinationsinstrumente, die der Bund einsetzt, um seine raumwirksamen Aufgaben erfüllen zu können[16]. Auf den Sachplan folgt – was sich aus den betreffenden Infrastrukturgesetzen ergibt[17] – direkt die *Plangenehmigung* durch die zuständige Bundesbehörde, welche funktional der kommunalen Baubewilligung entspricht. Anders als im System des RPG existiert also *keine mittlere, der Nutzungsplanung entsprechende Stufe.*

---

12 Art. 14 Abs. 1 RPG. Die Stufe der Nutzungsplanung muss gegebenenfalls ergänzt bzw. verfeinert werden durch Landumlegungen (Art. 20 RPG), eine hinreichende Erschliessung (Art. 19 RPG) sowie den Erlass von Sondernutzungsplänen.

13 Vgl. Art. 22 RPG.

14 Auf die Konzepte wird hier nicht näher eingegangen; siehe dazu BÜHLMANN, Art. 13 Rz. 17 ff.

15 Art. 14 Abs. 1 RPV.

16 BOSONNET, 10. Dabei kann der Bund aus Art. 75 BV keine Kompetenz ableiten, Sachpläne zu erlassen. Die Sachplankompetenz richtet sich vielmehr nach dem Inhalt und der Wirkung der betreffenden Sachkompetenz (BOSONNET, 16 ff.; HALLER/KARLEN, Rz. 156; BÜHLMANN, Verbindlichkeit 394 f.).

17 Vgl. Art. 126 Abs. 4 des Militärgesetzes vom 3. Februar 1995 (SR 510.10); Art. 16 Abs. 5 des Elektrizitätsgesetzes vom 24. Juni 1902 (SR 734.0); Art. 18 Abs. 5 des Eisenbahngesetzes vom 20. Dezember 1957 (SR 742.101); Art. 8bis Abs. 1 des Alpentransit-Beschlusses vom 4. Oktober 1991 (SR 742.104). Zur Luftfahrtgesetzgebung vgl. hinten III.B.1.

Auf dieses Manko hat die Praxis freilich reagiert. So bestehen die Sachpläne[18] in der Regel nicht nur aus Konzept-, Strategie- oder Programmteilen, welche abstrakt und weitgehend planerisch-politischer Natur sind, sondern auch aus detaillierteren, anlagebezogenen Umsetzungsteilen. Im Sachplan Infrastruktur der Luftfahrt (SIL) beispielsweise – aber auch in den Entwürfen der Sachpläne Schiene und Strasse – werden diese Umsetzungsteile als *Objektblätter* bezeichnet. Soweit die Infrastrukturgesetze vorschreiben, dass ein Vorhaben vor der Plangenehmigung einen Sachplan erfordert, ist in der Regel das Objektblatt gemeint[19]. Die Umsetzungs- oder Objektteile unterscheiden sich punkto Detaillierungsgrad von den Konzept- und Strategieteilen ganz erheblich. Dadurch übernehmen die Sachpläne eine Doppelfunktion, und es ergibt sich eine gewisse Annäherung an die dreistufige Entscheidfolge des RPG[20].

Wie Richtpläne[21] sind Sachpläne zwar nicht grundeigentümer-, aber *behördenverbindlich*[22]. So haben die Kantone und Gemeinden die Sachpläne des Bundes sowohl bei der Richtplanung als auch bei der Nutzungsplanung zu berücksichtigen; dies nach Massgabe des Umfangs der Bundeskompetenz, wie er sich in der betreffenden Sachgesetzgebung niedergeschlagen hat[23]. Auf das Verhältnis zwischen Sach- und Richtplänen im Besonderen werde ich zurückkommen[24].

---

[18] Bis heute wurden folgende Sachpläne erlassen bzw. in Angriff genommen: Sachplan Fruchtfolgeflächen (1992); Sachplan AlpTransit (1999/2000); Sachplan Verkehr, Teil Programm (in Bearbeitung), Teil Schiene/öffentlicher Verkehr (in Vorbereitung), Teil Strasse (in Vorbereitung), Teil Luftfahrt (2000 ff., teilweise noch in Bearbeitung); Sachplan Übertragungsleitungen (2001); Sachplan Militär (2001); vgl. www.are.admin.ch/are/de/raum/konzepte_sachplaene_stand/index.html (Stand Juni 2004).

[19] BOSONNET, 54.

[20] BOSONNET spricht von einer „Tendenz …, die einzelnen Anlagen in den Sachplänen möglichst präzise zu verorten" (S. 50), und bezeichnet die Objektteile als eine „Art Spezialnutzungspläne für konkrete Vorhaben" (S. 53). Gleichwohl warnt er davor, Konzept- und Strategieteile von Sachplänen unbesehen der Stufe der kantonalen Richtpläne gleichzusetzen und die Objektteile ohne weiteres auf der Stufe der kantonalen Nutzungspläne anzusiedeln. Konzept- und Strategieteile von Sachplänen könnten sich unter Umständen sogar auf einer höheren strategischen Ebene bewegen als Richtpläne, während die Objektteile der Sachpläne meist nicht den gleichen Detaillierungsgrad wie kantonale Nutzungspläne aufweisen würden. Undifferenziert sei jedenfalls die – zuweilen anzutreffende – Feststellung, Sachpläne hätten stets die gleiche Aussagetiefe wie kantonale Richtpläne, weshalb sie auf derselben Planungsstufe und Konkretisierungsebene stünden (S. 54).

[21] Vgl. Art. 9 Abs. 1 RPG.

[22] Art. 22 RPV; vgl. dazu BOSONNET, 59 ff. Zur fehlenden Grundeigentümerverbindlichkeit BÜHLMANN, Art. 13 Rz. 44.

[23] TSCHANNEN, Art. 2 Rz. 34, Art. 6 Rz. 43 f.; BÜHLMANN, Art. 13 Rz. 42, 44.

[24] Vgl. hinten IV.C.

II. Ziele und Grundsätze der Raumplanung

A. Bedeutung und Rechtsnatur

Das Raumplanungsrecht des Bundes beschränkt sich wie erwähnt zu einem wesentlichen Teil darauf, ein zweckmässiges Instrumentarium und optimale Verfahren bereitzustellen. Das RPG enthält indessen auch wichtige materielle Regelungen; diese sind in erster Linie in den Art. 1 und 3 als *Planungsziele* und *Planungsgrundsätze* niedergelegt. Aufgrund der grossen Gestaltungsspielräume, die das RPG den Planungsbehörden belässt, sind die Planungsziele und insbesondere die Planungsgrundsätze von grosser Bedeutung. Sie stecken den Rahmen dieser Handlungsspielräume ab und strukturieren deren Konkretisierung im Einzelfall vor. Die Ziele und Grundsätze sind sowohl bei der Planung als auch bei der Rechtsanwendung *für die Behörden aller Stufen verbindlich*[25].

Art. 1 und 3 RPG enthalten keine konditionalen Rechtssätze, die bei Vorliegen bestimmter tatbeständlicher Voraussetzungen ein bestimmtes Verhalten verlangen würden. Es handelt sich vielmehr um finale Normen, welche *im Rahmen von Interessenabwägungen zu berücksichtigen* sind[26]. In diesem Sinne sind die Planungsziele und -grundsätze *unmittelbar anwendbar*.

B. Tragweite für das An- und Abflugregime eines Flughafens

Art. 1 RPG nennt unter anderem als Ziel, „wohnliche Siedlungen und die räumlichen Voraussetzungen für die Wirtschaft zu schaffen und zu erhalten" (Abs. 2 lit. b). Art. 3 RPG konkretisiert dieses Ziel dahingehend, dass „*Wohngebiete vor schädlichen oder lästigen Einwirkungen wie Luftverschmutzung, Lärm und Erschütterungen möglichst verschont*" werden sollen (Abs. 3 lit. b). Dieser Grundsatz verlangt vorab, dass lärmige und luftverunreinigende Nutzungen von Wohngebieten ferngehalten oder gegen sie abgeschirmt werden[27]. Weiter sind für öffentliche oder im öffentlichen Interesse liegende Bauten und Anlagen – also z.B. einen Flughafen – „*sachgerechte*

---

[25] TSCHANNEN, Art. 1 Rz. 6, Art. 3 Rz. 11 ff.; HALLER/KARLEN, Rz. 170.

[26] TSCHANNEN, Art. 1 Rz. 5, Art. 3 Rz. 9; HALLER/KARLEN, Rz. 169; HÄNNI, Planungs-, Bau- und besonderes Umweltschutzrecht 83 ff.

[27] TSCHANNEN, Art. 3 Rz. 56.

Standorte" zu bestimmen; dabei sollen unter anderem „nachteilige Auswirkungen auf die natürlichen Lebensgrundlagen, die Bevölkerung und die Wirtschaft vermieden oder gesamthaft gering gehalten werden" (Abs. 4 lit. c).

Nun handelt es sich bei den in Art. 1 und 3 RPG enthaltenen Zielen und Grundsätzen zwar nicht um ein widerspruchsfreies System. Konflikte zwischen Grundsätzen, die im Einzelfall Beachtung verlangen, sind mittels Güterabwägung zu lösen[28]. Was die An- und Abflugrouten eines – unbestrittenermassen in einem ganz erheblichen öffentlichen Interesse liegenden – Landesflughafens anbelangt, so existiert jedoch kein Planungsgrundsatz, der eine möglichst grossflächige Belärmung von Wohngebieten erheischen würde. Vielmehr wird aufgrund der soeben erwähnten Ziele bzw. Grundsätze klar, dass die in der aktuellen politischen Diskussion geforderte *Verteilung des Fluglärms* – in diesem Zusammenhang kursiert auch das Unwort der „Demokratisierung" des Fluglärms – im Raumplanungsgesetz nicht nur keine Stütze findet, sondern *den Planungszielen und -grundsätzen eindeutig widerspricht*. Das Raumplanungsgesetz will – etwas salopp ausgedrückt – gerade nicht, dass ein möglichst grosser Teil der Bevölkerung sozusagen unten wohnt und von oben belärmt wird. Ein Flughafen lässt sich auch ohne Belärmung dicht besiedelter Agglomerationen betreiben, was freilich voraussetzt, dass er am richtigen Standort geplant und errichtet wurde und dass die raumplanerische Entwicklung in der Umgebung darauf Rücksicht nahm. Ein *Lastengleichheitsprinzip,* wie wir es aus dem Lufthygienerecht kennen, ist dem Raumplanungsrecht – wie im Übrigen auch dem Recht der Lärmbekämpfung – also fremd.

Zuzugestehen ist allerdings, dass dem Raumplanungsgesetz keine Antwort auf die Frage entnommen werden kann, wie zu verfahren ist, wenn eine *jahrzehntelange raumplanerische Fehlentwicklung*[29] – d.h. eine Missachtung der Ziele und Grundsätze der Raumplanung und damit des Raumplanungsgesetzes selbst – zu unlösbaren Interessenkonflikten geführt hat. Insofern kann eine Verteilung des Lärms – aus einer Gesamtschau der Rechtsordnung betrachtet – möglicherweise ein hinzunehmendes Übel sein, wenn es keine andere bzw. bessere Lösung mehr gibt.

---

[28] TSCHANNEN, Art. 3 Rz. 15; HALLER/KARLEN, Rz. 169.
[29] Vgl. dazu vorn I.A. bei FN 3 und 4.

III. Sachplan Infrastruktur der Luftfahrt (SIL)

A. Planungspflicht des Bundes

Die Ziele und Grundsätze des Raumplanungsgesetzes müssten sich in erster Linie im Sachplan Infrastruktur der Luftfahrt (SIL) niederschlagen[30]. Gemäss Art. 3a der Verordnung über die Infrastruktur der Luftfahrt legt der SIL die *Ziele* und *Vorgaben* für die Infrastruktur der Zivilluftfahrt der Schweiz für die Behörden verbindlich fest (Abs. 1). Für die *einzelnen Infrastrukturanlagen,* die dem zivilen Betrieb von Luftfahrzeugen dienen, hat er insbesondere den Zweck, das beanspruchte Areal, die Grundzüge der Nutzung, die Erschliessung sowie die Rahmenbedingungen für den Betrieb festzulegen; zudem hat er die Auswirkungen auf Raum und Umwelt darzustellen (Abs. 2).

Art. 2 RPG statuiert für sämtliche Träger raumwirksamer Aufgaben – also auch für den Bund – eine *Planungspflicht.* Im Geltungsbereich dieser Planungspflicht liegt es nicht im Ermessen des Aufgabenträgers, eine Planung an die Hand zu nehmen oder nicht[31]. Zuständig für den Erlass der Sachpläne ist der Bundesrat[32]. Weder das Raumplanungsgesetz noch die einschlägigen Spezialerlasse sehen indessen eine Sanktion vor für den Fall, dass die Planungspflicht in Bezug auf Sachpläne *nicht erfüllt* wird. Auch bestehen keine Instrumente zur Sicherung künftiger Sachplanungen – etwa analog der Planungszone gemäss Art. 27 RPG –, die im Einzelfall die Sistierung oder Verweigerung eines Plangenehmigungsgesuches erlauben würden[33]. Die Nichterfüllung der Planungspflicht bleibt somit folgenlos[34], was nicht zu befriedigen vermag[35]. Das heisst allerdings nicht, dass keine rechtliche Verpflichtung zur Planung besteht, sondern lediglich, dass es sich bei dieser um eine lex imperfecta handelt.

Was den SIL im Speziellen anbelangt, so hat der Bundesrat im Jahr 2000 den *Konzeptteil* erlassen, der eine Gesamtsicht sowie strategische Leitlinien für eine koordinierte Planung und Entwicklung der Luftfahrtinfrastruktur ent-

---

[30] Vgl. Art. 21 Abs. 2 lit. a RPV, wonach der Bundesrat bei der Verabschiedung eines Sachplanes sicherzustellen hat, dass dieser mit den Anforderungen des Raumplanungsrechts übereinstimmt.

[31] TSCHANNEN, Art. 2 Rz. 3.

[32] Art. 21 Abs. 1 RPV; kritisch dazu BOSONNET, 38 f.

[33] BGE 126 II 522, 535 f. E. 10b.

[34] Vgl. TSCHANNEN, Art. 2 Rz. 21; BANDLI, 540.

[35] Kritisch auch BÜHLMANN, Verbindlichkeit 399 f.

hält[36]. Von den *Objektblättern* wurden in der Folge die ersten drei Serien verabschiedet[37]. Ausstehend ist jedoch bis heute das Objektblatt für den Flughafen Zürich. Ein Zeitpunkt für dessen Erlass, der immer wieder hinausgeschoben wurde, ist nach wie vor nicht absehbar.

B.   Sachplan als Grundlage für Betriebskonzession, Betriebsreglement und Plangenehmigung

1.   Anforderungen der Luftfahrtgesetzgebung

Die Erteilung der für den Betrieb eines Flughafens erforderlichen *Betriebskonzession*[38] setzt voraus, dass der Betrieb der Anlage „den Zielen und Vorgaben des SIL entspricht"[39]. Die Betriebskonzession verleiht das Recht, den Flughafen „gemäss den Zielen und Vorgaben des SIL" zu betreiben[40].

Desgleichen darf das vom Flugplatzhalter zu erlassende *Betriebsreglement* bzw. eine Änderung desselben nur genehmigt werden, wenn der Inhalt „den Zielen und Vorgaben des SIL entspricht"[41]. Das Luftfahrtgesetz verpflichtet den Flugplatzhalter explizit, im Betriebsreglement „die im Sachplan Infrastruktur der Luftfahrt ... vorgegebenen Rahmenbedingungen konkret auszugestalten"[42].

Schliesslich setzt gemäss Art. 37 Abs. 4 LFG auch die *Plangenehmigung* für Bauten und Anlagen, die ganz oder überwiegend dem Betrieb eines Flugplatzes dienen, „grundsätzlich" einen Sachplan voraus, soweit sie sich auf Vorhaben bezieht, die sich erheblich auf Raum und Umwelt auswirken. Die Verordnung verlangt indessen ohne Einschränkung, dass das Projekt „den Zielen und Vorgaben des SIL" entsprechen muss[43].

---

[36] Sachplan Infrastruktur der Luftfahrt (SIL) vom 18. Oktober 2000, Teile I–III B und Anhänge (BBl 2000, 5196).

[37] Vgl. BBl 2002, 799; BBl 2003, 3717; BBl 2004, 4740.

[38] Vgl. Art. 36a LFG; zum Verhältnis zwischen Betriebskonzession, Betriebsreglement und Plangenehmigung siehe den Beitrag von TOBIAS JAAG.

[39] Art. 12 Abs. 1 lit. a VIL; analog Art. 19 Abs. 1 lit. a VIL betreffend die Betriebsbewilligung für Flugfelder.

[40] Art. 10 Abs. 1 Satz 1 VIL; analog Art. 17 Abs. 1 lit. a VIL betreffend die Betriebsbewilligung für Flugfelder.

[41] Art. 25 Abs. 1 lit. a VIL.

[42] Art. 36c Abs. 2 Halbsatz 1 LFG.

[43] Art. 27d Abs. 1 lit. a VIL.

2. Reale Situation betreffend den Flughafen Zürich

Wo die einschlägige Gesetzgebung vorschreibt, dass ein konkretes Vorhaben einen Sachplan voraussetzt, ist, wie bereits ausgeführt, nicht der Konzeptteil, sondern das Objektblatt gemeint. Am 31. Mai 2001 erneuerte das UVEK nach fünfzigjähriger Dauer die *Betriebskonzession* für den Flughafen Zürich für weitere fünfzig Jahre[44] – ohne Vorliegen des entsprechenden SIL-Objektblattes. Gleichentags[45] – und in der Folge noch mehrmals – genehmigte das BAZL Revisionen des *Betriebsreglements,* um die bekannten Änderungen bezüglich der An- und Abflugrouten zu ermöglichen[46]; auch dies erfolgte jeweils ohne Grundlage im SIL. Schliesslich erteilte das UVEK am 23. Juni 2003 und am 22. April 2004 die *Plangenehmigungen* für die Errichtung von Instrumentenlandesystemen auf den Pisten 34 (Südanflug) bzw. 28 (Ostanflug)[47] – auch dies ohne Grundlage in einem Objektblatt für den Flughafen Zürich.

Das Fazit: Im gegenwärtigen Zeitpunkt – und wohl noch auf unbestimmt lange Zeit – erfolgen rund um den mittlerweile dicht besiedelten Flughafen Zürich Starts und Landungen in bzw. aus allen möglichen Himmelsrichtungen, ohne dass hierfür, wie gesetzlich vorgeschrieben, eine Grundlage im massgebenden Sachplan bestünde oder auch nur eine vage Planvorstellung des für die Festsetzung zuständigen Organs, nämlich des Bundesrates, bekannt wäre.

IV. Kantonaler Richtplan

A. Richtplan des Kantons Zürich von 1995

Nicht viel besser als um den SIL steht es um den kantonalen Richtplan. Der geltende Richtplan datiert vom 31. Januar 1995. Entsprechend den Vorgaben des kantonalen Planungs- und Baugesetzes[48] wurden im Teilrichtplan Ver-

---

[44] BBl 2001, 2381.
[45] BBl 2001, 2381.
[46] Am 18. Oktober 2001 (BBl 2001, 5922 f.), 15. Oktober 2002 (BBl 2002, 6836 ff.), 23. Juni 2003 (BBl 2003, 4874 ff.) und 22. April 2004 (BBl 2004, 2257 ff.); ferner änderte das BAZL das Betriebsreglement am 16. April 2003 von sich aus im Rahmen einer vorsorglichen Massnahme (BBl 2003, 3256 f.).
[47] BBl 2003, 4874 ff.; BBl 2004, 2257 ff.
[48] Vgl. § 24 lit. d PBG.

kehr die *Luftstrassen im Nahbereich des Flughafens* festgelegt und mit Bändern markiert. Diese Bänder geben zwar nur „in sehr grober Weise Auskunft über die verschiedenen An- und Abflugrouten"[49]; unverbindlich sind sie deswegen aber nicht. Die im Verkehrsplan eingezeichneten Luftstrassen reichen vom Flughafen bis nach Weiach und Hochfelden im Norden bzw. in den Raum nördlich von Bassersdorf im Osten; im Westen führen sie bis nördlich von Geroldswil nahe der Grenze zum Kanton Aargau, im Süden in einer Linkskurve über Opfikon bis nach Dietlikon. Der Verkehrsplan von 1995 gibt somit das An- und Abflugregime wieder, wie es bis zu den aktuellen Änderungen (Süd- und intensivierte Ostanflüge) während Jahren praktiziert wurde.

Der Bundesrat genehmigte den Richtplan am 15. Mai 1996, brachte im hier interessierenden Bereich allerdings einen *Vorbehalt* an: Der Kanton wurde eingeladen, bis am 31. März 2000 die Verknüpfung des Richtplans mit einem noch zu erarbeitenden Gesamtverkehrskonzept sowie mit dem Sachplan Infrastruktur der Luftfahrt aufzuzeigen[50]. Die Tragweite dieses „Vorbehalts" – wohl eher eine Auflage – ist nicht ganz klar. Er bedeutet aber jedenfalls nicht, dass den Festlegungen im Verkehrsplan keine Verbindlichkeit zukommt. Dieser Ansicht scheint auch das Bundesgericht zu sein, welches auf das (selbstverständliche) Erfordernis einer erneuten Planabstimmung hinwies, sobald der SIL ausgearbeitet und das kantonale Gesamtverkehrskonzept fertiggestellt sei[51].

B.   Beständigkeit bzw. Abänderbarkeit des Richtplans

Planung ist ein ständiger und durchgehender Prozess, weshalb Raumpläne grundsätzlich abänderbar sind[52]. Gleichwohl kommt der Beständigkeit der Raumpläne – oder besser: ihrer Beständigkeit „auf Zeit" – aus Gründen der

---

[49]   Richtplantext, S. 108.
[50]   BBl 1996 II 1305 f. Dass der Kanton Zürich dieser Aufforderung mit Bezug auf den Luftverkehr nachgekommen wäre, ist mir nicht bekannt.
[51]   BGE 124 II 293, 353 E. 31a. Das Bundesgericht äusserte sich dazu im Zusammenhang mit dem Einwand der mangelnden Planabstimmung zwischen Bund, Kanton und Gemeinden. Es begegnete diesem Einwand mit dem Argument, der gesetzlichen Pflicht zur Berücksichtigung der Sachpläne des Bundes im Rahmen der kantonalen Richtplanung (Art. 6 Abs. 4 RPG) sei durch den Einbezug des Flughafens Zürich in die Verkehrs-Richtplanung von 1995 Genüge getan worden, und zwar auch ohne Vorliegen eines eigentlichen Sachplanes. Daran ändere nichts, dass gemäss dem erwähnten Vorbehalt nach der Ausarbeitung des SIL und des noch fertigzustellenden kantonalen Gesamtverkehrskonzepts eine erneute Planabstimmung vorzunehmen sein werde.
[52]   Vgl. Art. 9 Abs. 2 und 3 RPG für die Richtpläne, Art. 21 Abs. 2 RPG für die Nutzungspläne.

Rechtssicherheit und des *Vertrauensschutzes* ein hoher Stellenwert zu. Das zürcherische PBG bringt dieses Spannungsfeld zwischen Beständigkeit und Abänderbarkeit, welches mittels einer Interessenabwägung zu lösen ist, prägnant zum Ausdruck; danach sind Planungen „neuen Erkenntnissen und Entwicklungen anzupassen, soweit Rechtssicherheit und Billigkeit es zulassen"[53].

Was die Richtpläne anbelangt, so wird die Relevanz der Rechtssicherheit und des Vertrauensschutzes für deren Abänderbarkeit in der Literatur teilweise in Abrede gestellt; dies wegen der fehlenden Grundeigentümerverbindlichkeit der Richtpläne[54]. Diese Aussage erscheint indes als zu apodiktisch und bedarf in zweifacher Hinsicht einer Differenzierung: Zum einen spielen Rechtssicherheit und Vertrauensschutz auch im Rahmen der Richtplanung eine Rolle, soweit diese nicht bloss die Funktion einer Koordinations-, sondern – wie im Kanton Zürich besonders ausgeprägt[55] – auch diejenige einer *Nutzungsrichtplanung* übernimmt[56]. Zum andern können Rechtssicherheit und Vertrauensschutz *sprunghaften* und *unvorhersehbaren* Änderungen eines Richtplanes, die *erhebliche Auswirkungen* nach sich ziehen, durchaus entgegenstehen. Beide Aspekte sind im Zusammenhang mit der Neuordnung des An- und Abflugregimes rund um den Flughafen Zürich von Bedeutung.

Art. 9 RPG schreibt vor, dass Richtpläne in der Regel alle zehn Jahre gesamthaft zu überprüfen und nötigenfalls zu überarbeiten sind (Abs. 3). Nebst dieser periodischen Gesamtüberarbeitung sind Richtpläne auch dann zu überprüfen und „nötigenfalls" anzupassen, wenn sich die *Verhältnisse geändert* haben (Abs. 2). Im Falle des An- und Abflugregimes rund um den Flughafen muss eine solche Änderung der Verhältnisse seit der Richtplanfestsetzung von 1995 bejaht werden; dies namentlich aufgrund der zwischenzeitlich erfolgten Kündigung der Verwaltungsvereinbarung zwischen Deutschland und der Schweiz betreffend die An- und Abflüge über deutschem Hoheitsgebiet, die auf den 31. Mai 2001 wirksam wurde[57], und der in der Folge von

---

[53] § 9 Abs. 2 PBG.

[54] Am deutlichsten TSCHANNEN, Art. 9 Rz. 50, der das Erfordernis der Interessenabwägung vor einer Planänderung stattdessen auf die „Verstetigungsfunktion" des Richtplans zurückführt (Rz. 51; die Behörden als Adressaten des Richtplans sollen „nicht mit unmotivierten, sprunghaften Planänderungen belästigt werden"). HALLER/KARLEN, Rz. 436, und HÄNNI, Planungs-, Bau- und besonderes Umweltschutzrecht 112, messen dem Anliegen der Rechtssicherheit immerhin eine gewisse Bedeutung zu.

[55] Vgl. HALLER/KARLEN, Rz. 206.

[56] Vgl. zu dieser Doppelfunktion der Richtpläne Art. 5 Abs. 1 RPV; TSCHANNEN, Vorbemerkungen zu Art. 6–12, Rz. 6 ff.; HÄNNI, Planungs-, Bau- und besonderes Umweltschutzrecht 99 f., 115 ff., 125 ff.; HALLER/KARLEN, Rz. 191 ff.

[57] „Regelung für An- und Abflüge zum/vom Flughafen Zürich über deutsches Hoheitsgebiet" vom 17. September 1984; vgl. BGE 126 II 522, 533. Ebenso BÜHLMANN, Verbindlichkeit 402, der überdies die neusten (mittlerweile aber wieder erheblich veränderten) Zahlen über das zu erwartende Verkehrsaufkommen sowie die vom Bundesrat

Deutschland einseitig erlassenen Flugbeschränkungen[58]. Die daraus resultierende Notwendigkeit, den Verkehrsplan zu *überprüfen* und *nötigenfalls anzupassen,* bedeutet indessen nicht, dass das An- und Abflugregime völlig neu geordnet werden kann, ohne jegliche Rücksichtnahme auf die bisherige Richtplanfestsetzung. Einer totalen Umkrempelung der Verhältnisse würden Rechtssicherheit und Vertrauensschutz in weitestgehendem Mass entgegenstehen. Aus raumplanerischer Sicht ist das Flugregime weiterhin auf die gewachsenen Siedlungs- und Nutzungsstrukturen auszurichten[59].

C. Verhältnis Richtplan – Sachplan

Ist somit nicht nur der Bund (im Rahmen der Sachplanung), sondern auch der Kanton (im Rahmen der Richtplanung) verpflichtet, das „Problem Flughafen" raumplanerisch anzugehen und zu bewältigen, so stellt sich unweigerlich die Frage nach dem Verhältnis zwischen Sachplan und Richtplan. Die Raumplanungsverordnung enthält hierzu in Art. 23 Abs. 1 folgende Regelung:

„Die im Sachplan mit Bezug auf die Realisierung konkreter Vorhaben getroffenen Anordnungen sind für den Kanton so weit verbindlich, als der Bund im betreffenden Bereich von Verfassungs und Gesetzes wegen über entsprechende Kompetenzen verfügt."

Daraus könnte man schliessen, die Festlegung des Sachplans durch den Bund habe Vorrang und der Kanton müsse den Sachplan im Rahmen der Richtplanung einfach nachvollziehen. Diese Schlussfolgerung wäre indessen verfehlt. Das Raumplanungsgesetz ist auf Widerspruchsfreiheit von Sach- und Richtplänen angelegt. Diese Widerspruchsfreiheit ist aber nicht durch ein Diktat von oben nach unten, sondern durch *gegenseitige Planabstimmung* auf dem Weg *partnerschaftlicher Zusammenarbeit* zu erwirken[60]. Dies ergibt sich sowohl aus dem Gesamtkontext des Raumplanungsgesetzes als auch aus einzelnen Bestimmungen. So haben Bund, Kantone und Gemeinden die für ihre raumwirksamen Aufgaben nötigen Planungen gemäss Art. 2 Abs. 1 RPG aufeinander abzustimmen. Art. 6 Abs. 4 RPG verpflichtet die Kantone, im Rahmen der Richtplanung die Sachpläne des Bundes zu „berücksichtigen" (was selbstverständlich ist), nicht aber, sie unbesehen nachzuvollziehen. Art. 7 Abs. 2 RPG verweist für den Fall, dass sich Bund und Kanton nicht darüber einigen können, wie raumwirksame Tätigkeiten aufeinander abzustimmen

---

neu festgelegten und vom Bundesgericht korrigierten Lärmbelastungsgrenzwerte erwähnt.
[58] Siehe dazu den Beitrag von REGULA DETTLING-OTT.
[59] THIERSTEIN (vorn FN 4).
[60] BÜHLMANN, Verbindlichkeit 395 f.

sind, auf das Bereinigungsverfahren gemäss Art. 12 RPG[61]. Schliesslich verpflichtet Art. 13 Abs. 2 RPG den Bund, bei der Erstellung der Sachpläne mit den Kantonen zusammenzuarbeiten.

Auch die Raumplanungsverordnung bringt diese Pflicht zur gegenseitigen Planabstimmung auf dem Weg partnerschaftlicher Zusammenarbeit verschiedentlich zum Ausdruck. So verpflichtet Art. 17 Abs. 1 RPV die zuständigen Bundesstellen explizit, bei der Erarbeitung von Sachplänen die Richtplanung der Kantone zu berücksichtigen. Wenn ein Richtplan die Erreichung der mit einem Sachplan angestrebten Ziele verhindern oder unverhältnismässig erschweren würde, haben der Kanton und die zuständige Bundesstelle die Verfahren für die Anpassung des Richtplans und für die Erarbeitung des Sachplans gemäss Art. 18 Abs. 2 RPV miteinander zu koordinieren. Vor der Verabschiedung eines Sachplanes ist den Kantonen nach Art. 20 Abs. 1 RPV Gelegenheit zu geben, noch vorhandene Widersprüche zur kantonalen Richtplanung festzustellen. Und schliesslich muss der Bundesrat bei Verabschiedung des Sachplanes gemäss Art. 21 RPV sicherstellen, dass allfällige Widersprüche mit den geltenden kantonalen Richtplänen ausgeräumt sind (Abs. 2 lit. b), wobei er entsprechende Richtplananpassungen wenn möglich gleichzeitig mit der Verabschiedung des Sachplans genehmigen soll (Abs. 3). – Aus all diesen Regelungen erhellt, dass die Gesetzmässigkeit von Art. 23 RPV zweifelhaft ist bzw. dass diese Bestimmung im besten Fall gesetzeskonform angewendet werden muss (was freilich einer Nichtanwendung gleichkommt)[62].

Somit ergibt sich, dass der Kanton Zürich – infolge seiner Planungspflicht[63] – nicht einfach tatenlos zuwarten darf, bis der Bundesrat das Objektblatt des SIL festgesetzt hat. Vielmehr ist er gehalten, eine Überprüfung und gegebenenfalls eine Anpassung des Verkehrsplans im Sinne von Art. 9 Abs. 2 RPG an die Hand zu nehmen und voranzutreiben; dies in enger Zusammenarbeit und Abstimmung mit den für den SIL zuständigen Bundesstellen. Der Kanton Zürich darf und soll durchaus seine eigenen Planungsvorstellungen artikulieren, wobei selbstverständlich ist, dass er dadurch die Erfüllung der Bundesaufgabe im Bereich Zivilluftfahrt nicht verhindern oder unnötig erschweren darf. Der Bund seinerseits ist verpflichtet, die materiellen Anliegen des Kan-

---

61 Vgl. dazu auch Art. 13 und 20 RPV; BÜHLMANN, Art. 13 Rz. 53.
62 Die Bestimmung ist auch insofern missglückt, als sie Sachpläne gegenüber den Kantonen nur so weit für verbindlich erklärt, „als der Bund im betreffenden Bereich von Verfassungs und Gesetzes wegen über entsprechende Kompetenzen verfügt". Denn dies ist erst die Voraussetzung dafür, dass der Bund überhaupt einen Sachplan erlassen darf (siehe vorn I.C.2., insbesondere FN 16); eine darüber hinausgehende Sachplanung wäre gar nicht zulässig.
63 Art. 2 Abs. 1 RPG.

tons im Rahmen der Interessenabwägung zu berücksichtigen[64]. Dabei ist die Position des Kantons gegenüber dem Bund bei der Planabstimmung umso stärker, je aktueller, aussagekräftiger und besser aufeinander abgestimmt die Vorgaben im Richtplan sind[65]. Nach dem Willen des Gesetzgebers hätten die Erneuerung der *Betriebskonzession,* der Erlass des *Betriebsreglements,* die Genehmigung des *SIL-Objektblattes* und die Anpassung des kantonalen *Richtplans* somit *gleichzeitig und aufeinander abgestimmt* erfolgen sollen[66]. Was die Revision des Richtplans anbelangt, so wurden bisher jedoch erst wenige konkrete Schritte unternommen. Zu erwähnen ist hier insbesondere das ab Herbst 2002 erarbeitete Raumentwicklungskonzept RELIEF[67], welches im Juli 2004 der Öffentlichkeit vorgestellt und von dieser – erwartungsgemäss – kontrovers aufgenommen wurde.

V.   Demokratische Mitwirkung der Bevölkerung

Die dargelegten Defizite in der Sachplanung des Bundes und in der kantonalen Richtplanung haben (gewissermassen reflexweise) Auswirkungen in einer weiteren Hinsicht: Die vom Gesetz geforderte demokratische Mitwirkung der Bevölkerung fand im Fall des Flughafens Zürich – mangels entsprechender Planung – bislang nicht statt.

Art. 4 RPG verpflichtet die mit Planungsaufgaben betrauten Behörden, die Bevölkerung über Ziele und Ablauf der Planungen zu *unterrichten* (Abs. 1). Weiter haben sie dafür zu sorgen, dass die Bevölkerung bei Planungen in geeigneter Weise *mitwirken* kann (Abs. 2). So sind Pläne nach dem zürcherischen PBG vor der Festsetzung öffentlich aufzulegen; innert 60 Tagen nach der Bekanntmachung kann sich jedermann zum Planinhalt äussern[68].

Dem Mitwirkungsgebot unterliegen nicht nur die grundeigentümerverbindlichen Nutzungspläne, sondern auch *Richt-* und *Sachpläne*[69]. Information und Mitwirkung im Sinne von Art. 4 RPG sind nicht an direktdemokratische Entscheidungsformen gebunden; sie haben auch dort stattzufinden, wo die Plan-

---

[64]   BÜHLMANN, Art. 13 Rz. 48; DERS., Verbindlichkeit 396.
[65]   BÜHLMANN, Art. 13 Rz. 52.
[66]   BÜHLMANN, Verbindlichkeit 401.
[67]   „Raumentwicklungskonzept für die Flughafenregion und langfristige Infrastrukturentwicklung des Flughafens"; der Bericht zur Erschliessung der Projektergebnisse vom 7. Juli 2004 ist verfügbar unter www.arv.zh.ch/docs/pdf/relief/Bericht_20040707.pdf (besucht am 21. Oktober 2004).
[68]   § 7 Abs. 2 PBG.
[69]   MUGGLI, Art. 4 Rz. 16.

festsetzung – wie namentlich bei Sachplänen – direktdemokratischen Entscheidungen entzogen ist[70]. Mit Bezug auf Sachpläne im Besonderen schreibt Art. 19 RPV vor, dass die Entwürfe während mindestens 20 Tagen öffentlich aufzulegen sind (Abs. 4); die kantonalen Fachstellen für Raumplanung haben dafür zu sorgen, dass die Bevölkerung in geeigneter Weise mitwirken kann (Abs. 2)[71].

Die Mitwirkung der Bevölkerung an der Planung erfüllt eine doppelte Funktion: In erster Linie dient sie der *Grundlagenbeschaffung* und der *Sachaufklärung*. Sie schafft die Voraussetzungen dafür, dass die gebotenen Interessenabwägungen in der erforderlichen Breite und Tiefe vorgenommen werden können, und bildet damit eine wichtige Grundlage für sachgerechte Planungsentscheide. Es handelt sich insofern um ein Element der Qualitätssicherung, um eine Möglichkeit der institutionalisierten Einflussnahme im Rahmen eines politischen Prozesses, vergleichbar mit dem Vernehmlassungsverfahren bei der Gesetzgebung. Dies erfordert die Durchführung in einem Zeitpunkt, in dem die abschliessenden Interessenabwägungen und damit der Planungsentscheid noch offen sind[72].

Darüber hinaus erhöht die Mitwirkung die *Akzeptanz* von Planungsentscheiden. Angesprochen sind mit diesem Aspekt des Mitwirkungsgebots die Stichworte Transparenz, Kommunikation und Partizipation. Gerade im Rahmen komplexer Planungsprozesse ist es unumgänglich, dass die Entscheide der zuständigen staatlichen Organe verständlich gemacht werden und dass die Betroffenen die Möglichkeit erhalten, darauf Einfluss zu nehmen. Nur ein solcher partizipativer Prozess vermag zu gewährleisten, dass Planungsentscheide als legitim empfunden und akzeptiert werden[73].

Im Zusammenhang mit der Neuordnung des An- und Abflugregimes rund um den Flughafen Zürich fand bislang weder zum SIL-Objektblatt noch zum Richtplan ein Mitwirkungsverfahren statt; dies wie erwähnt deshalb, weil beide Planungen immer noch ausstehen. Der sogenannte „Runde Tisch Flughafen Zürich", ein konsultatives Organ des Regierungsrates, welches sich auf das kantonale Flughafengesetz[74] stützt und nun wiederbelebt werden soll,

---

[70] MUGGLI, Art. 4 Rz. 6.
[71] Zu den Besonderheiten bezüglich der Mitwirkung bei Sachplänen vgl. BÜHLMANN, Art. 13 Rz. 34 f.; kritisch zum Nutzen der Mitwirkung bei Sachplänen BOSONNET, 36, der vermutet, dass sich ein Grossteil der Bevölkerung von komplexen Sachplänen nicht betroffen fühlt und sich die mögliche Opposition erst in den Rechtsmittelverfahren gegen die konkreten Projekte manifestiert.
[72] MUGGLI, Art. 4 Rz. 3, 9; zur Abgrenzung von der Funktion des *Rechtsschutzes* vgl. DERS., Art. 4 Rz. 5, 7.
[73] Vgl. MUGGLI, Art. 4 Rz. 4, 10.
[74] § 4 des Flughafengesetzes.

vermag die „direktdemokratische" Funktion von Art. 4 RPG nur teilweise zu erfüllen; dasselbe gilt für die mittlerweile gescheiterte Mediation. Es ist wohl nicht zuletzt dieses *demokratisch-partizipative Defizit,* welches bei einem grossen Teil der betroffenen Bevölkerung zu einem Vertrauensverlust in Rechtsstaat und Demokratie, zu Akten des zivilen Ungehorsams und letztlich zu einer Staatsverdrossenheit bedenklichen Ausmasses geführt hat.

VI. Schlussbemerkungen

1.   Im Zusammenhang mit dem Konflikt um den Flughafen Zürich manifestiert sich mit Bezug auf das Raumplanungsrecht eine *Vollzugskrise,* die in der Schweiz ihresgleichen sucht und unter rechtsstaatlichen Gesichtspunkten höchst bedenklich stimmt. Ganz offensichtlich hat hier das föderalistische System – im Sinne eines negativen Kompetenzkonfliktes – versagt: Während Jahren hielt sich niemand für zuständig, das umzusetzen, was der eidgenössische Gesetzgeber mit dem Erlass des Raumplanungsgesetzes bereits 1979 wollte. Macht dieses Beispiel Schule und wird die Verbindlichkeit eines Bundesgesetzes auf die eines Leitbildes reduziert, drohen Rechtsstaat und Demokratie eine ernsthafte Krise.

Ein möglicher Grund dieses Vollzugsdefizits ist wie erwähnt die *ausgeprägt föderalistische Aufgabenteilung* im Bereich der Raumplanung. Das Raumplanungsgesetz geht sozusagen davon aus, dass sämtliche Träger raumwirksamer Aufgaben auf den Stufen Bund, Kantone und Gemeinden ihren gesetzlichen Verpflichtungen nachkommen – ausgerichtet auf die Idealvorstellungen von Art. 1 und 3 RPG – und dass sie ihre Tätigkeiten in einträchtigem Zusammenwirken miteinander koordinieren. Der Gesetzgeber hielt es offenbar nicht für nötig, diese Hoffnung mit *Kontroll-* oder *Aufsichtsmechanismen* zu verknüpfen, welche diesen Namen verdienen. Zwar wurde im beschränkten Anwendungsbereich der Verwaltungsgerichtsbeschwerde[75] ein Behördenbeschwerderecht des Bundesamtes für Raumentwicklung eingeführt[76], doch vermochte dieses in der Praxis keine nennenswerte Bedeutung zu erlangen. Nur am Rande sei hier darauf hingewiesen, dass auch griffige Instrumente analog der Umweltverträglichkeitsprüfung oder der (zurzeit vielgeschmähten) Verbandsbeschwerde, wie sie in der Umweltschutzgesetzgebung bereitgestellt wurden, im Raumplanungsrecht fehlen.

---

[75] Vgl. Art. 34 RPG.
[76] Art. 103 lit. b OG i.V.m. Art. 48 Abs. 4 RPV.

2.   Im aktuellen Streit um das An- und Abflugregime setzen viele Bürge-
rinnen und Bürger ihre Hoffnungen in die *Gerichte.* Die Rekurskommission
INUM (Rekurskommission Infrastruktur und Umwelt) – bis 30. Juni 2004 als
Rekurskommission UVEK bezeichnet – ist bereits heute derart *überlastet,*
dass sie kaum noch in der Lage ist, die Beschwerdeverfahren innert einer
Frist zu bewältigen, die unseren rechtsstaatlichen Ansprüchen zu genügen
vermag. Analoges könnte sich dereinst auf die Ebene des Bundesgerichts
verlagern.

Hinzu kommt – und dies scheint mir noch wesentlicher –, dass weder die
Rekurskommission noch das Bundesgericht *funktional die richtigen Organe*
sind, um die offenen raumplanerischen Probleme zu klären. Raumplanung ist
ein genuin politischer Prozess. Aufgabe der Verwaltungsgerichte ist es aber,
Recht anzuwenden bzw. die Rechtsanwendung durch die Verwaltungsbehörden zu überprüfen. Rekurskommission und Bundesgericht sind weder Ober-
planungsbehörden, noch haben sie sich mit der Entwicklung der Luftfahrtpolitik zu befassen[77]. Sie sind also weder befugt noch berufen, politisch-
planerische Grundentscheidungen zu treffen, und dürfen eine fehlende oder
überholte Planung auch nicht einfach substituieren. Wer heute darauf hofft,
dass die Gerichte im Flughafenstreit „Gerechtigkeit" herbeiführen werden,
dürfte somit enttäuscht werden. Dem Vertrauen in den Rechtsstaat wird dies
gewiss nicht förderlich sein.

---

[77]   BGE 129 II 331, 342 E. 3.2.

Bau und Betrieb eines Flughafens: Umweltrechtliche Aspekte

PETER ETTLER

Vgl. für Literatur, Rechtsquellen, Judikatur, Materialien und Abkürzungen die Verzeichnisse vorn in diesem Band.

117

I.   Einleitung

A.   Abgrenzungen zu anderen Beiträgen der Tagung

Im Anschluss an die systematische Darstellung der Rechtsgrundlagen durch Tobias Jaag greift dieser Beitrag einige wesentliche umweltrechtliche Aspekte heraus, welche Bewilligungsbehörden und Gerichte im Zusammenhang mit Flughäfen beschäftigen. Damit ist bereits eine erste Abgrenzung zum Referat von Alain Griffel gezogen: Die strategische Ebene, nämlich die Einbettung eines Flughafens und seiner Betriebskonzepte in die Raumplanung, befassen die Planungsbehörden des Bundes und der betroffenen Kantone sowie die Exekutiven, welche hier die wesentlichen Entscheide treffen müssen. Diese werden sodann in einer koordinierten Sach- und Richtplanung festgehalten. Dieser Rahmen ist, soweit nicht klar rechtswidrig, für die hier behandelten Plangenehmigungs- und Bewilligungsverfahren verbindlich, was dem Bundesgericht Gelegenheit gibt, seine eigene Kognition und diejenige seiner Vorinstanzen über den SIL stark einzuschränken. Es macht jeweils die Aussage, dass die Gerichte weder die Oberplanungsbehörde des Bundes noch die Aufsichtsinstanz in Umweltschutzsachen sind[1].

Ziel dieses Beitrages ist es somit, die taktische Ebene zu beleuchten. Die Fragestellung geht dahin, wo in diesem eingeschränkten Rahmen für die Umwelt und für die betroffene Bevölkerung noch etwas herauszuholen ist. Die Fragestellung beschlägt also nicht Möglichkeiten zur Fundamentalopposition, sondern zur gezielten Verbesserung erheblicher Mängel.

B.   Auswirkungen, welche dem Flughafen zuzurechnen sind

1.   Luftreinhaltung

Je nach Perspektive können die Emissionen eines Langstreckenjets auf dem Fluge von Zürich nach Tokio dem Ausgangspunkt, also dem Flughafen Zürich, zugerechnet werden. Dieser war ja der notwendige Ausgangspunkt, um diesen Flug überhaupt realisieren zu können. Eine solche Betrachtungsweise hätte aus globaler Luftreinhaltungs- und Klimaschutz-Sicht den Vorteil, dass

---

[1]   Vgl. BGE 129 II 331 ff., E. 3.2.

sämtliche Emissionen aller Flugzeuge in den globalen Schadstoffbilanzen bilanziert würden. Eine solche Zurechnung hat sich aber bisher nicht durchgesetzt. Das Kyoto-Protokoll klammert den ganzen Luftverkehr aus, welcher für einen stets grösser werdenden Anteil am gesamten klimarelevanten Schadstoff-Ausstoss verantwortlich ist[2], und erklärt dafür die Internationale Zivilluftfahrtorganisation (ICAO) als zuständig. In der ICAO ist aber wohl noch auf längere Sicht keine Mehrheit für eine absolute oder auch nur mit dem weiteren Verkehrswachstum proportionale Einschränkung von klimarelevanten Flugzeugabgasen zu finden. Davon profitiert der ganze Luftfahrtsektor, in dem er seinen klimarelevanten Output völlig ungestraft weiter emittieren kann.

Bei der Betrachtung der Luftreinhalteaspekte eines Flughafens hat sich daher bisher der so genannte Landing- and Take Off-Zyklus als Grösse für den Perimeter etabliert. In die Betrachtung einbezogen wird das Flughafenareal und in der Verlängerung der Pistenachsen ein Bereich bis 950 m über Grund. Das heisst, dem Flughafen werden sämtliche Flugbewegungen unterhalb der ca. auf dieser Höhe gelegenen planetaren Grenzschicht zugerechnet mit den jeweiligen schadstoffrelevanten Leistungsmerkmalen für den Steigflug sowie für den Anflug. Dieser Zyklus verändert sich im Laufe der Zeit je nach den angenommenen Leistungscharakteristika der jeweiligen Luftfahrzeuge. Während beispielsweise noch im UVB-Rahmenkonzession 5. Bauetappe[3] angenommen worden war, dass die Flugzeuge nach durchschnittlich 7.5 km nach Abheben von der Piste den Perimeter verlassen, nimmt der UVB zum so genannten vorläufigen Betriebsreglement[4] an, der Perimeter werde erst nach 8 bis 11 km verlassen. Das bedeutet nichts anderes, als dass die Flugzeuge beim Start nach dieser neuesten Annahme schlechter an Höhe gewinnen. Verantwortlich dafür sind das Zurücksetzen der Startleistung sowie teilweise leistungsärmere, d.h. für den heutigen Verwendungszweck optimiertere Triebwerke[5]. Dieser so genannte Derated Take Off und die schwächere Leistung

---

[2] Vgl. dazu JOHN WHITELEGG/HOWARD CAMBRIDGE, Aviation and Sustainability, SEI Stockholm Environment Institute (www.sei.se), Juli 2004, 15 ff.; YVONNE KAUFMANN/ RUEDI MEIER/WALTER OTT, Luftverkehr – eine wachsende Herausforderung für die Umwelt, Bern 2000, 30 ff.; ULRICH SCHUMANN, Wie stark beeinflussen die Emissionen des Luftverkehrs Ozon und Klima?, GAIA – Ecological Perspectives in Science, Humanities and Economics, 8/1999, 19 ff.

[3] UV-Fachbericht Luft, Beilage der Flughafendirektion Zürich zum Baukonzessionsgesuch Dock Midfield, 1998, 16.

[4] UV-Fachbericht Lufthygiene, Beilage der Unique (Flughafen Zürich AG) zum Gesuch um Genehmigung des vorläufigen Betriebsreglements, 2003, 7.

[5] Dass moderne Flugzeuge leistungsschwächer sind, führt beispielsweise auf dem Flughafen Lugano-Agno zu Problemen, weil die verfügbare Piste den Sicherheitserfordernissen nicht mehr genügt.

der modernen Flugzeuge verändern natürlich auch deren Lärmabdruck am Boden, vergrössern also tendenziell die Gesamtlärmbelastung.

2. Lärm

Die Auswirkungen eines Flughafens bezüglich Lärm werden anhand der in Leq berechneten Grenzwert-Isophonen kartographisch dargestellt[6]. Die Kurven der Isophonen zeigen, wo der Alarmwert, der Immissionsgrenzwert und der Planungswert überschritten sind. Die grossen Flächen, welche rund um den Flughafen Zürich mit Schall über den Belastungsgrenzwerten eingedeckt werden, sind in der Ostanflugschneise sowie im ganzen Norden des Flughafens Zürich zu einem grossen Teil auf den Betrieb in der ersten und zweiten Nachtstunde (2200-2300 sowie 2300-2400 Uhr) zurückzuführen. Im vom Bundesrat auf Geheiss des Bundesgerichtes aus Vorsorgegründen festgesetzten Ein-Stunden-Leq für die Nachtstunden[7] führen auch relativ wenige Flugbewegungen zu einem relativ hohen Leq. Kann sich dagegen die Fluglärmbelastung auf einen 16-Stunden-Tag verteilen, reagiert der Leq äusserst träge auf die Anzahl der Flugbewegungen[8].

Ob ein bestimmtes Gebiet innerhalb oder ausserhalb des soeben erwähnten Grenzwertperimeters liegt, entscheidet aber keineswegs allein über die Störwirkung, d.h. den Lärm, den seine Bewohner zu ertragen haben. Im Gegensatz zum Schall, welcher sich als äquivalenter Dauerschallpegel Leq als Integral der an einem bestimmten Ort einwirkenden Schallenergie berechnen lässt, stellt der Lärm die von Menschen in einer bestimmten Situation empfundene Störwirkung dar. Diese ist damit nicht eine naturwissenschaftliche, sondern eine sozio-psychologische Grösse. So kommt es beispielsweise in einem stark belärmten Gebiet durchaus darauf an, wie ein An- oder Abflugverfahren eine Siedlung trifft. Führt es direkt über die Siedlung, wirkt es auf deren Bewohner mit grosser Wahrscheinlichkeit lästiger, als wenn es über das benachbarte Industriegebiet geführt wird. Dabei verändern sich möglicherweise in beiden Fällen die Immissionsgrenzwerte in Leq kaum.

Dass ein bestimmtes Gebiet nicht im Grenzwertperimeter liegt, heisst schliesslich ebenfalls nicht, dass es nicht unter Lärm aus dem Flughafen zu leiden hat. Zwar ist in einem solchen Gebiet die Schallintensität zu gering, um den in Leq ausgedrückten Planungswert oder gar den Immissionsgrenzwert noch zu erreichen. Dafür treten andere Charakteristika des Lärms, wie zum Beispiel die viel längere Dauer eines Überflugs als in Flughafennähe,

---

[6]   Art. 13 und 15 USG; Art. 40 sowie Anhang 5 Ziff. 2 zur LSV.
[7]   BGE 126 II 522 ff., 588 E. 45.
[8]   Vgl. unten III.B.2.

stark in den Vordergrund, welche im Leq nicht zu Buche schlagen. Solche Umweltauswirkungen sind selbstverständlich nach Vorsorgeprinzip[9] ebenfalls beachtlich. Sie werden aber in der heutigen Diskussion praktisch totgeschwiegen[10].

Der Flughafen Genf erzeugt auf schweizerischem Staatsgebiet einen Lärmabdruck am Boden, der mit demjenigen des Flughafens Zürich vergleichbar ist. Abflüge ab dem auf französischem Staatsgebiet gelegenen, multinationalen Flughafen Basel-Mühlhausen[11] führen über gewissen Teilen der Kantone Basel-Stadt und Basel-Land zu Belastungen, welche zurzeit im Bereich der Planungswerte liegen. Näher abgeklärt wird dort ein Instrumentenlandesystem, welches neu Anflüge aus Süden ermöglichen soll (und damit weiter nördlich gelegene französische Gebiete entlastet)[12].

Was die übrigen schweizerischen Flughäfen betrifft, ist die Lärmbelastung um Grössenordnungen kleiner. In der Regel sind dort ausserhalb des eigentlichen Flughafenareals kaum Belastungsgrenzwertüberschreitungen zu verzeichnen – was aber nichts über die Lästigkeit des sich vorwiegend aus Kleinflugzeugen zusammensetzenden Verkehrs aussagt.

C. Zusammenspiel der Rechtsverfahren

1. Prüfung der Raumverträglichkeit eines Flughafens

Zur Abstimmung der sektoriellen Sachplanung des Bundes, welche sich in den Objektblättern des Sachplans Infrastruktur Luftfahrt (SIL) für jeden einzelnen Flughafen konkretisiert, mit der kantonalen Raumplanung ist auf den Beitrag von Alain Griffel zu verweisen. An der Schnittstelle zur konkreten Ausgestaltung des Betriebs eines Flughafens im Betriebsreglement ist hier zu betonen, dass im SIL bzw. in jedem einzelnen Objektblatt des SIL der Grundsatzentscheid zum Betriebskonzept des Flughafens zu fällen ist. Damit hat der SIL die Grundzüge der Pistenbenutzung, des Lärmmanagements sowie einen allfälligen Plafond für Lärm und/oder Bewegungen zu enthalten. Diese sind so festzulegen, dass die mit dem SIL koordinierten Raumplanungsziele erreicht werden können bzw. nicht gefährdet werden.

---

9 Art. 11 Abs. 2 und 3 i.V.m. Art. 20 und 25 USG.
10 Vgl. dazu hinten III.B.2.
11 Vgl. SR 0.748.131.934.92.
12 Zum Stand dieses Verfahrens vgl. Antwort des Bundesrates vom 1. September 2004 auf die Interpellation 04.3067 von PIERRE KOHLER vom 15. März 2004.

Da der SIL selber nicht angefochten werden kann, besteht die Möglichkeit, ihn akzessorisch in einem Betriebsreglements-Änderungsverfahren anzufechten. Die Hürden für ein solches Vorhaben sind aber hoch. Das Bundesgericht sieht sich in konstanter Praxis weder als Oberplanungsbehörde des Bundes noch als Aufsichtsinstanz in Umweltschutzsachen und prüft daher die im SIL festgelegten betrieblichen Rahmenbedingungen nur dann, wenn sich diese nicht mit dem Bundesrecht vereinbaren lassen[13]. Haben der Bund und der betroffene Kanton einmal die Sach- und Richtplanung aufeinander abgestimmt, dürfte eine raumplanungsrechtlich begründete Bundesrechtswidrigkeit in Anbetracht des äusserst flexiblen Art. 3 RPG nur schwer zu konstruieren sein. Die Frage bleibt aber offen, ob in Extremfällen, wie der Führung einer vollständig neuen Flugroute über bisher nicht beschalltes Gebiet – man denke an die Ost- und Südanflüge auf den Flughafen Zürich – sich mit dem auf mehrere Jahrzehnte Raumplanung abgestützten Kontinuitätsvertrauen und der Eigentumsgarantie vereinbaren lassen. Zudem könnte in solchen Fällen ein Verstoss gegen das umweltschutzrechtliche Prinzip vorliegen, dass die Zahl der Anwohner, die von Lärmeinwirkungen über den Immissionsgrenzwerten betroffen werden, möglichst klein zu halten ist[14].

2.   Um die Konzeptentscheide im SIL eingeschränkte Rolle der UVP

Als wesentliche Auswirkungen auf die Umwelt verursacht der Betrieb eines Flughafens Lärm und Luftschadstoffe, welche aus dem Flugbetrieb und vom landseitigen Verkehr, d.h. aus der Erschliessung mittels Individualverkehrs, stammen. Das Luftreinhalterecht des Bundes lässt im Prinzip keine Überschreitungen des Immissionsgrenzwerts zu; das Bundesgericht gewährte allerdings dem motorisierten Individualverkehr jedenfalls auf Nationalstrassen grosszügige Ausnahmen[15]. Der vom Bundesgericht genehmigte Plafond von 2'400 Tonnen NO_2 wird – in Anlehnung an diese Praxis – denn auch nicht dazu führen, dass die Immissionsgrenzwerte im Gebiet rund um den Flughafen in absehbarer Zeit werden eingehalten werden können.

---

[13]   BGE 129 II 331 ff., E. 3.2 und E. 4.2.

[14]   Dies hat das Bundesgericht im Entscheid 1A.172/2004 vom 21.9.2004, E. 4.2 erstmals so klar festgehalten. Obwohl dieser Entscheid an sich nur eine vorsorgliche Massnahme betrifft, ist aber davon auszugehen, dass das Bundesgericht diesen Hinweis mit Blick auf die ganze noch zu lösende Lärmproblematik am Flughafen Zürich gemacht hat.

[15]   Die Praxis hat allerdings längs Nationalstrassen zeitlich praktisch unbegrenzte Überschreitungen des Immissionsgrenzwerts zugelassen (BGE 118 Ib 206 ff., E. 11). Dem Verkehrssektor kommt damit auch im Luftreinhalterecht faktisch dieselbe bevorzugte Behandlung zu, wie es bezüglich Lärms das USG vorsieht.

Was das Bundesgericht dem Verkehrssektor eigentlich contra legem gewährt, hat der Gesetzgeber beim Lärmschutz gleich selber vollzogen. Die Art. 25 und 20 USG dispensieren neue und zu sanierende Verkehrsanlagen von der Einhaltung der Planungs- bzw. der Immissionsgrenzwerte. Während die Lehre den Grundsatz hochhält, dass die einzuräumenden Erleichterungen nicht automatisch gewährt werden dürfen und der Dispens einer umfassenden Verhältnismässigkeitsprüfung zu unterziehen ist[16], ist die Praxis jedenfalls bei Flughäfen und bei bestehenden terrestrischen Verkehrsanlagen undifferenziert, wenn technische und bauliche Lärmschutzmassnahmen auf dem Ausbreitungsweg der Immissionen versagen. Dann werden Erleichterungen gewährt, ohne dass Betriebsbeschränkungen auch nur geprüft würden. Der Schutz vor Lärm mutiert damit zum Schutz des Lärms aus Verkehrsanlagen.

Der Grund für diese Entwicklung liegt im politischen Stellenwert der Mobilität einerseits und im Vorrang der sektoriellen Sachplanung vor der projektbezogenen UVP andererseits. Haben die Planungsbehörden des Bundes und der Kantone eine Verkehrsanlage festgesetzt und deren Kapazitäten grundsätzlich bestimmt[17], stehen die wesentlichen Entscheide fest und können im Verfahren der Genehmigung der Ausführungsprojekte und der in der Regel erst dort angesiedelten Projekt-UVP nicht mehr umgestossen werden[18]. Da der Luftverunreinigung und dem Lärm wie soeben gezeigt keine harten gesetzlichen Grenzen beigemessen werden bzw. gesetzt sind, liegt auch nur selten ein Verstoss gegen Umweltrecht vor, welcher im akzessorischen Überprüfungsverfahren ein Rückkommen auf die Sachplanungsentscheide ermöglichen würde.

II. Prüfung der Rechtsverträglichkeit eines Flughafens

A. Massgebliche Verfahren

Über die (Umwelt-) Rechtsverträglichkeit eines Flughafens ist im Verfahren der Plangenehmigung zu entscheiden, wenn bauliche Änderungen vorgesehen

---

16 Vgl. WOLF, Art. 25 USG N. 67 ff..
17 Das geschieht heute im Verfahren der Sachplanung (Art. 13 RPG; Art. 14 ff. RPV). Auch die Festlegung des Nationalstrassennetzes durch die Bundesversammlung (Art. 11 des Bundesgesetzes über die Nationalstrassen [NSG] vom 8. März 1960 [SR 725.11]) entspricht nach heutigem Verständnis einer solchen Sachplanung.
18 Vgl. vorn FN 1.

sind[19]. Geht es bloss um eine Änderung von betrieblichen oder Flugverfahren, steht das Verfahren zur Änderung des Betriebsreglements zur Verfügung[20].

Sind erhebliche Auswirkungen auf die Umwelt zu erwarten, ist eine Umweltverträglichkeitsprüfung vorzunehmen. Deren Ergebnisse sind dann im massgeblichen Verfahren mitanfechtbar. Es gelten die bezüglich UVP festgesetzten und von der Praxis weiter entwickelten Regeln[21]. Bezüglich der Beschwerdelegitimation von Privaten und Gemeinden gilt, dass bei grossflächigen Immissionen wie solchen aus dem Flugbetrieb ein sehr weiter Kreis Betroffener zur Beschwerdeführung legitimiert ist, zum Beispiel die Anwohner eines Flughafens einschliesslich jener, die in der Verlängerung der Flugplatzpisten wohnen (d.h. im Bereich der An- und Abflugschneisen)[22].

Weil es der Bundesgesetzgeber unterlassen hat, die Verfahren zur Plangenehmigung und insbesondere zur Genehmigung der Änderung eines Betriebsreglements mit dem Enteignungsverfahren zu koordinieren, sind gemäss Bundesgericht nach längst abgeschlossenem Genehmigungsverfahren auch noch Einwendungen gegen betriebliche Aspekte eines Flughafens im Enteignungsverfahren möglich[23]. Aus der Sicht des Koordinationsgrundsatzes, den das Bundesgericht seit dem Entscheid Chrüzlen[24] immer wieder betont hat, überraschen diese Ausführungen des Bundesgerichtes nicht. Unter dem Aspekt der Rechtssicherheit sind sie allerdings nicht ganz unproblematisch, hätte doch derselbe Eigentümer, welcher später auf dem Enteignungswege noch Betriebsänderungen verlangt, gegen die bereits früher erteilte Genehmigung der Betriebsreglementsänderung oder gegen die Plangenehmigung Beschwerde erheben können. Allerdings ist es ohne weiteres möglich, dass die in diesen Genehmigungsverfahren generell geprüften Änderungen sich erst später auf der praktischen Ebene als problematisch erweisen, zumal sich gemäss heutiger Praxis im Verfahren der UVP die genaue Lage und Nutzung einzelner An- und Abflugrouten gar nicht genau bestimmen lässt[25]. Mit diesem offensichtlichen Mangel des Genehmigungsverfahrens lässt sich indessen eine doppelte Beschwerdelegitimation von Eigentümern (und auch Mietern) kaum rechtfertigen. Der diesbezügliche Hinweis des Bundesgerichtes belegt daher nur, dass

---

[19] Art. 37 LFG und Art. 27a ff. VIL; vgl. dazu den Beitrag von TOBIAS JAAG in diesem Band.

[20] Art. 36c f. LFG und Art. 23 ff. VIL.

[21] Vgl. dazu RAUSCH/KELLER, Art. 9 USG; zur Beschwerdelegitimation von Gemeinden und Verbänden LORETAN, Art. 56 und 57 USG.

[22] BGE 120 Ib 379, 387; bestätigt in BGE 124 II 293, 304.

[23] BGE 130 II 394 ff., E. 6, mit Hinweisen auf ältere Entscheide.

[24] BGE 116 Ib 50 ff.

[25] Vgl. dazu hinten III.C.

die Genehmigungs- und die (Immissions-)Enteignungsverfahren dringlichst vom Gesetzgeber koordiniert werden müssen[26].

Der Bundesrat und die Bundesverwaltung weigern sich bisher jedoch wenn immer möglich, ein kombiniertes Genehmigungs- und Enteignungsverfahren durchzuführen. So wurde beispielsweise ein Planauflageverfahren für verschiedene Bauten (Pistenbefeuerungen und Sendeanlagen) für die ILS 28 und 34 durchgeführt. Damit diese ILS benützbar werden, sind wegen möglicher Einwirkungen von Randwirbelschleppen auf unter dem Anflugpfad gelegene Grundstücke auch Dachziegelklammerungen erforderlich. Dabei hatte das Bundesgericht festgehalten[27], dass dafür das enteignungsrechtliche Plangenehmigungsverfahren zu beanspruchen ist, wenn sich Eigentümer weigern, freiwillig eine entsprechende Vereinbarung mit dem Flughafenhalter zu treffen. Trotz dieses Bundesgerichtsentscheids hielt das BAZL kürzlich fest, ein entsprechendes Plangenehmigungsverfahren wäre unverhältnismässig, da die Gefahr des Schadenseintritts verhältnismässig klein sei. Die betroffenen Eigentümer in Gockhausen und Stettbach werden aber in etwa derselben Höhe überflogen wie Höri, wo sich vor der Klammerung der Dächer mehrmals entsprechende Schadenfälle ereignet hatten. Zu vermuten ist, dass das BAZL mit seiner Stellungnahme nicht die Verhältnismässigkeit im Auge hatte, sondern befürchtete, dass auf diese Weise Eigentümern auch der Weg ins Enteignungsverfahren geebnet werde, was in der Tat einen Paradigmenwechsel bedeutet hätte. Bisher müssen nämlich Eigentümer, welche von Immissionsenteignungen betroffen sind, selber das entsprechende Verfahren beantragen. Dass das Verfahren zur Änderung des Betriebsreglements nicht mit einem enteignungsrechtlichen Plangenehmigungsverfahren gekoppelt worden ist, hat daher System.

B.   Hinweise zur UVP

1.   Auflagen beim Bau eines Flughafens

In Anbetracht der jeweils zur Diskussion stehenden Investitionsvolumen (Fr. 2.5 Mia. für die fünfte Bauetappe des Flughafens Zürich), sind Flughafenausbauten regelmässig Grossbaustellen. Damit rechtfertigen sich ausgefeilte Bauauflagen, welche einen fortschrittlichen Stand der Technik auf der

---

[26]   Vgl. dazu Parlamentarische Initiative 02.418 von ROLF HEGETSCHWEILER vom 22. März 2002, welche diesbezüglich einen ersten Anfang macht, aber auch noch keine echte Verfahrenskoordination herbeiführt.

[27]   BGr 1A.245/2003 vom 31.3.2004, E.4.2.

Baustelle durchzusetzen helfen. Zu denken ist beispielsweise an Partikelfilter für Baumaschinen, Vorschriften, dass Lastwagen dem jeweils fortschrittlichsten Euro-Norm-Abgasstandard entsprechen, Energiemanagement, Auflagen bezüglich Logistik (kurze Transportwege, Benützung vorhandener Eisenbahnanschlüsse, etc.). Weitere Auflagen können im Vermeiden von Bodenverdichtungen, Schutz von Grundwasserleitern während der Bauphase, Beseitigung allfälliger Altlasten etc. bestehen.

Diese vorwiegend technisch orientierten Bauauflagen werden in der Regel zuverlässig vom zuständigen Amt für Umweltschutz bei der Prüfung des Umweltverträglichkeitsberichtes eingebracht. Sie sind relativ selten Spielfeld für Beschwerden gegen die entsprechende Genehmigung.

2. Auflagen für den Betrieb des Flughafens

a) Bezüglich Lärms und Luftverschmutzung

Die Umwelt(-rechts)-relevanten Auswirkungen des Betriebs eines Flughafens hängen bezüglich Lärms und Luftreinhaltung ab von der zu Grunde gelegten Bewegungszahl einerseits sowie vom Emissionsverhalten der Flugzeuge, welche auf dem Flughafen verkehren bzw. gemäss einer Prognose des Flughafenhalters verkehren werden, anderseits. In beiden Fällen kann bei einem bereits existierenden Flughafen von einem bestimmten IST-Zustand ausgegangen werden. Über die künftige Entwicklung sind aber nur Prognosen möglich mit allen Unsicherheiten, welche in einem hochkomplexen technischen Bereich solchen anhaften. Ausgehend von diesen Gedanken unterscheidet die UVP zwischen IST-Zustand, Ausgangszustand und Betriebszustand. Beispielsweise basiert der Umweltverträglichkeitsbericht zum vorläufigen Betriebsreglement 2003 für den Flughafen Zürich[28] auf den Bewegungszahlen des Jahres 2000 von knapp 326'000 als IST-Zustand und auf angenommenen Prognosewerten für das Jahr 2010 nach Abschluss der 5. Bauetappe ohne weitere bauliche Veränderung (Ausgangszustand) und mit Betriebsreglementsänderung (Betriebszustand) von 350'000. Ausgehend von diesen Zahlen und dem im Flottenmix kondensierten Emissionsverhalten der eingesetzten Flugzeuge wurde der NO_2-Ausstoss aus den Flugbewegungen für das Jahr 2000 mit 1'803 Tonnen, für den Ausgangszustand im Jahr 2010 mit 1'832 Tonnen und für den Betriebszustand im Jahre 2010 mit 1'830 Tonnen beziffert.

---

[28] Beilage der Unique (Flughafen Zürich AG) zum Gesuch um Genehmigung des vorläufigen Betriebsreglements, 2003.

Solchen Darstellungen ist mit professionellem Misstrauen zu begegnen. Natürlich ist der Flughafenhalter als Autor des Umweltverträglichkeitsberichtes daran interessiert, seinen Betrieb bzw. die von ihm angenommene künftige Entwicklung in bestem Licht erscheinen zu lassen. So ist es beim soeben beschriebenen Beispiel kein Zufall, dass der Flughafenhalter als IST-Zustand das verkehrsintensivste Jahr am Flughafen Zürich überhaupt als Ausgangsbasis genommen hat. Hätte er im Jahr 2003 auf den IST-Zustand im Jahre 2002 abgestellt, wären rund 50'000 Bewegungen weniger und rund 500 Tonnen NO_x weniger zu verbuchen gewesen[29]. Damit wäre natürlich die Steigerung in den beiden Prognose-Zuständen viel stärker ausgewiesen worden, was im sich harmlos präsentierenden UVB 2003 offensichtlich vermieden werden sollte. Ebenso grosse Reserven sind bei den Prognosen der Bewegungszahlen anzubringen. Zwar wird unter dem heutigen Betriebsreglement eine Bewegungszahl von 350'000 in etwa als Kapazitätsgrenze des Pistensystems dargestellt[30]. Aus der Vergangenheit wissen wir aber, dass bei der fünften Ausbauetappe auch schon die Zahl von 250'000 Bewegungen des Linien- und Charterverkehrs als Kapazitätsgrenze „der im Masterplan 92 vorgesehenen Bauten und Anlagen" beziffert worden sind[31], während der Umweltverträglichkeitsbericht zum Rahmenkonzessionsgesuch von einer Kapazität von 240'000 Bewegungen des Linien- und Charterverkehrs nach Realisierung der 5. Bauetappe ausging[32]. In wundersamer Weise erhöhte sich dann die Kapazitätsgrenze im auf Geheiss des Bundesgerichtes nachgebesserten UVB 1999 auf 420'000 Bewegungen. Die Zahl von 350'000 Bewegungen im Jahre 2010 ist somit keineswegs als Obergrenze zu betrachten. Vielmehr dürfte sie als ein Mix von vorsichtiger Prognose der Flughafen Zürich AG und aus dem Bemühen, die Bevölkerung in der derzeit emotional aufgeladenen Situation nicht noch weiter zu sensibilisieren, zu betrachten sein. Es ist klar, dass die Annahmen in den Prognosezuständen kaum justiziabel sind. Insoweit war es ein Glücksfall, dass im Zeitpunkt des Entscheides des Bundesgerichtes über die Rahmenkonzession[33] die angenommene höchste Bewegungszahl von 240'000

---

[29] HANS-PETER STAFFELBACH bezifferte in seinem Referat den Ausstoss an NO_x im Jahre 2003 auf 1350 Tonnen.

[30] Gemäss Regierungsrätin RITA FUHRER (NZZ vom 17. September 2004, 51): „Es wird Gewinner und Verlierer geben".

[31] Erläuterungen der Flughafendirektion Zürich zum Rahmenkonzessionsgesuch für die Erweiterung des Flughafens Zürich vom 17. Juli 1995, 4 ff.

[32] Abstimmungszeitung zur Volksabstimmung vom 25. Juni 1995, Vorlage 6: Kredit für die Ausführung der 5. Bauetappe am Flughafen Zürich, 1 und 5: „Damit der Umweltverträglichkeitsbericht auf einem sicheren Fundament steht, wird die Messlatte mit Bezug auf die Flugbewegungen sehr hoch angesetzt, d.h. es wird von 240'000 Flugbewegungen des Linien- und Charterverkehrs und 35'000 Bewegungen des Privatluftverkehrs pro Jahr ausgegangen."

[33] 124 II 293 ff. E. 13b, 14 und 19c.

Bewegungen längst überschritten war, was das Bundesgericht zum Einschreiten veranlassen musste.

Noch weniger justiziabel sind die Annahmen zum Flottenmix und zum Emissionsverhalten der künftig eingesetzten Flugzeuge. Schrumpft beispielsweise die Swiss zu einer Zubringergesellschaft einer grossen internationalen Allianz, welche einen oder mehrere Hubs in Europa betreibt, wird der Langstreckenverkehr ab Zürich noch mehr an Bedeutung verlieren. Dann wird sich aber sowohl die Luftschadstoff- als auch die Lärmbilanz für den Flughafen erheblich verbessern, da die dann wahrscheinlich eingesetzten kleineren Flugzeugtypen erheblich emissionsärmer sind[34]. Verändern sich dem gegenüber die Steigleistungen der künftig eingesetzten Flugzeuge negativ, weil zwecks Schadstoffminimierung weniger leistungsstarke Triebwerke eingebaut werden, wird sich der Lärmabdruck dieser Flugzeuge am Boden wieder vergrössern. Während die EMPA für die Berechnung der Lärmkarten auf Fluglärmmessungen für die meisten heute eingesetzten Flugzeugtypen zurückgreifen kann, ist sie bezüglich der Leistungs- und Lärmcharakteristika der künftigen Flugzeuge auf Herstellerangaben und eigene Abschätzungen angewiesen. Die Prognosezustände eines UVB taugen somit im besten Falle als Modell mit erheblichen Unsicherheitsfaktoren.

b)   Auswirkungen des Flugbetriebs auf die übrigen Umweltmedien

Die grosse Zahl der eingesetzten Sende- und Empfangsanlagen an einem Flughafen (Radar, ILS-Sender und -Empfänger, Funkverkehr mit den Flugzeugen, hohe Dichte an Mobilfunkverkehr von Passagieren und Flughafenbesuchern) bewirkt eine gewisse Belastung mit nicht ionisierenden Strahlen. Diese führt aber kaum zur Überschreitung der in der NISV[35] vorgegebenen Grenzwerte, da die leistungsstarken ILS-Sende- und -Empfangsanlagen gebündelt emittieren und damit am Boden nicht messbar sind und da der Flughafen naturgemäss eine gewisse – im Falle Zürichs zwar viel zu kleine – Distanz zu besiedelten Gebieten einhält.

Bezüglich des Gewässerschutzes ist die Behandlung der Enteiserabwässer zu nennen. Der dabei eingesetzte künstliche Harnstoff und weitere Substanzen werden heute auf den Enteiserplätzen (und teilweise auch bereits auf dem Tarmac) gesammelt und auf dafür ausgeschiedenen Rasenflächen künstlich

---

[34]   Vgl. auch das Beispiel in I.B.1 bezüglich Verschiebungen im Perimeter des Landing- and Take Off-Zyklus.

[35]   Verordnung über den Schutz vor nichtionisierender Strahlung (NISV) vom 23. Dezember 1999 (SR 814.710).

verregnet. Das Verfahren scheint sich bisher zu bewähren. Bezüglich des Gesamtwirkungsgrades ist wohl die Bewertung abzuwarten[36].

Die Passagier- und Besucherströme, die den Flughafen frequentieren, erzeugen eine grosse Anzahl Fahrten des Privatverkehrs. Umweltrechtsrelevant ist hier der NO_x-Ausstoss des motorisierten Individualverkehrs. In der Umgebung des Flughafens sind die NO_2-Immissionsgrenzwerte überschritten. Er liegt daher in einem Massnahmenplangebiet. Damit drängten sich auch beim Individualverkehr Beschränkungen auf, welche den NO_2-Ausstoss limitieren sollen. Deshalb wurden die Anzahl der auf dem Flughafen für Angestellte, Passagiere und Besucher zur Verfügung stehenden Parkplätze beschränkt und die Parkgebühren erhöht[37].

Diese Beschränkung der Parkplatzzahl wird in jüngster Zeit durch das so genannte Valet-Parking in Frage gestellt. Innovative Firmen bieten zahlungskräftigen Kunden die Möglichkeit, am Flughafen vorzufahren, dort den Schlüssel abzugeben, worauf das Auto durch Firmenangestellte auf Parkplätze in der näheren oder weiteren Umgebung des Flughafens verschoben und bei Ankunft des Kunden wieder am Flughafenkopf bereit gestellt wird. Die dadurch erzeugten Emissionen sind gleich intensiv wie der so genannte Kiss and Ride Verkehr, bei welchem Angehörige den Zubringer- und Wegbringerservice leisten.

Um die Emissionen weiter zu beschränken, wurde ferner ein Mindest-Modalsplit zwischen motorisiertem Individualverkehr und öffentlichem Zubringerverkehr von 42% verfügt[38]. Diese Begrenzung ist zwar gut gemeint, vermag aber nicht zu verhindern, dass der motorisierte Individualverkehr bei ständig steigendem Verkehrsvolumen weiterhin überproportional zunimmt.

---

[36] Nähere Angaben in der Broschüre Gewässerschutz, Flughafen Zürich, Reinigung der Enteiserabwässer, hrsg. von Unique (Flughafen Zürich AG) 2002, sowie im Umweltbericht 2003, Flughafen Zürich, hrsg. von Unique (Flughafen Zürich AG), 2004, 24.
[37] BGE 124 II 293 ff., E. 27.
[38] BGE 124 II 293 ff., E. 25b.

III. Wesentliche Wirkungen auf die Umwelt im Einzelnen

A. Betriebsaspekt Luft

1. Rechtsgrundlagen

Art. 44a USG verpflichtet die Kantone, in Gebieten mit übermässiger Luftbelastung so genannte Massnahmenpläne zu erstellen, welche zur Verminderung oder Beseitigung der übermässigen Einwirkungen innert angemessener Frist beitragen sollen. Gestützt auf einen Massnahmenplan erlassene Emissionsbegrenzungen sind nicht ans Vorsorgeprinzip von Art. 11 Abs. 2 USG gebunden, sondern können, soweit verhältnismässig, auch über die wirtschaftliche Tragbarkeit hinausgehen[39].

2. NO$_2$-Plafond

Bei Erteilung der Baukonzession Dock Midfield hat das UVEK entgegen den Anträgen der Fachstellen, welche einen um 200 Tonnen pro Jahr tieferen NO$_2$-Plafond verlangt hatten, diesen auf 2'400 Tonnen pro Jahr festgelegt. Er gilt für die Emissionen aus der Abfertigung der Flugzeuge und aus dem Flugbetrieb, wobei sämtliche Emissionen aus dem Landing and Take Off-Zyklus erfasst werden[40]. Die Emissionen des landseitigen Verkehrs[41] kommen also zu dieser Menge hinzu. In diesem Zusammenhang hat sich das Bundesgericht auch deutlich zur Funktion dieses Plafond geäussert. Es hat dabei nicht ausgeschlossen, dass er, wenn sämtliche weiteren Bemühungen zur Beschränkung des NO$_2$-Ausstosses versagen, auch auf die Bewegungszahl begrenzend wirken kann. "Dass eine solche Einschränkung den wirtschaftlichen Interessen zuwiderliefe, trifft zweifellos zu, ändert aber nichts daran, dass auch die Landesflughäfen dem Umweltschutzrecht des Bundes unterstehen."[42] Auch der so genannte Zulassungszwang stehe einem solchen Plafond nicht entgegen. Dieser verlange lediglich, "dass die zur Verfügung stehenden so genannten Slots (Zeitnischen für die Landung und den Start) dem Grundsatze nach

---

[39] Vgl. dazu die detaillierten Anweisungen in Art. 31 bis 34 LRV.
[40] Dazu vorne I.B.1.
[41] Vgl. soeben II.B.2.b.
[42] BGE 126 II 522, 552.

allen Luftfahrtunternehmen offen gehalten werden und deren Zuteilung nicht nach diskriminierenden Kriterien erfolgt"[43].

Wie bereits vorne[44] ausgeführt, wirkt dieser NO_2-Plafond keineswegs als starre Begrenzung. In Anbetracht des riesigen Spielraums bei den Annahmen zum Flottenmix und zu den Leistungscharakteristika der eingesetzten Flugzeuge, welche mit einer Begrenzung des Maximalschubs beim Start auf 80% (so genannter Derated Take Off) herabgesetzt werden können, dürfte der Plafond je nach Berechnungsart bei 350'000 bis ca. 440'000 Bewegungen erreicht sein. Er wirkt damit – zumindest in der heutigen Verkehrssituation – keineswegs echt begrenzend.

Anzufügen ist schliesslich, dass wichtige, klar dem Flughafen Zürich zurechenbare Bewegungen von Flugzeugen nicht im erwähnten Perimeter enthalten sind. So wird der ganze Steigflug ab 950 Meter über Grund bis zum Erreichen der Reiseflughöhe, der ebensolche Sinkflug sowie die „Zwischenlagerung" anfliegender Flugzeuge bei hohem Verkehrsaufkommen in den Warteräumen nicht vom Perimeter erfasst.

B.   Betriebsaspekt Lärm

1.   Rechtsgrundlagen für die unbeschränkte Belärmung

Das Bundesgericht stuft den Flughafen Zürich zufolge der 5. Ausbauetappe als wesentlich geänderte ortsfeste Anlage im Sinne von Art. 8 Abs. 2 LSV ein[45]. Damit muss er zwar nicht grundsätzlich die Planungswerte einhalten, wie dies Art. 25 USG an sich verlangt, sondern er müsste die Immissionsgrenzwerte respektieren. Allerdings dispensieren die Art. 20 und 25 USG die öffentlichen und konzessionierten Verkehrsanlagen von der Einhaltung dieser Begrenzung. Können bei wesentlich geänderten oder neuen solchen Anlagen die Immissionsgrenzwerte, bzw. bei bestehenden Anlagen die Alarmwerte nicht eingehalten werden, hat der Anlageninhaber Anspruch auf entsprechen-

---

[43]   Vgl. BGE 117 Ib 387 E. 5b/aa mit Literaturhinweisen; DETTLING-OTT, Zulassungszwang 24 ff.; JAAG, Flughafen 217 f.; vgl. für das Luftverkehrsrecht der europäischen Gemeinschaft CHRISTIAN JUNG, Die Marktordnung des Luftverkehrs – Zeit für neue Strukturen in einem liberalisierten Umfeld, ZLW 47/1998, 308 ff., 319 ff.; siehe auch Beschluss des deutschen Bundesverwaltungsgerichts vom 12. Juni 1998, in ZLW 48/1999, 271 Ziff. 6 und 278 mit Hinweis auf Art. 8 Abs. 2 der Verordnung [EWG] Nr. 2408/92]).

[44]   II.B.

[45]   BGE 124 II 293 ff., E. 16b.

de Erleichterungen. Als Korrelat dazu wird er lediglich verpflichtet, grundsätzlich auf seine Kosten, die vom Lärm betroffene Gebäude durch Schallschutzfenster oder ähnliche bauliche Massnahmen zu schützen. Während die genannten Bestimmungen im Strassen- und Eisenbahnbau zumindest ausserhalb des überbauten Gebietes keinen Freipass für die Anlageninhaber abgeben, weil sich durch bauliche und gestalterische Massnahmen auf dem Ausbreitungsweg der Emissionen betroffene Gebäude häufig recht gut abschirmen lassen[46], gibt es im Nahbereich der Flughäfen unter den An- und Abflugachsen nur wenige technische oder betriebliche Möglichkeiten, die Lärmbelastung zu senken. Daher haben Art. 20 und 25 USG in der heutigen Praxis die Funktion, unbegrenzte Belärmung auch über den Alarmwerten auf unabsehbare Zeit in der näheren Umgebung der Flughäfen zuzulassen. Die Sanierung solcher Anlagen wird damit zum Plagiat. Anstelle eines echten Bevölkerungsschutzes werden routinemässig Schallschutzfenster eingebaut[47]. Die Aussenräume, wie Balkone, Gärten, Wege und Strassen, welchen wohnhygienisch eine sehr wichtige Funktion vor allem in der warmen Jahreszeit zukommt, bleiben damit völlig ungeschützt. Das ist umso bedenklicher, als Fluglärm im Gegensatz zu terrestrischem Verkehrslärm sozusagen von allen Seiten in die überflogenen Siedlungsgebiete eindringt und es damit keinerlei vom Lärm verschonte Rückzugsmöglichkeiten gibt. Zudem bietet die Nachrüstung bestehender Bauten mit blossen Schallschutzfenstern häufig einen bloss ungenügenden Schutz vor den tieffrequenten Tönen, welche beim Fluglärm vorherrschen. Diese dringen durch zu wenig massiv gehaltene Decken und Dachkonstruktionen, aber auch durch zu wenig massive Wände ins Gebäudeinnere vor.

Daraus ist zu schliessen, dass das USG bezüglich Schutz vor Lärm von Flughäfen gerade doppelt versagt. Den Belastungsgrenzwerten kommt keine Begrenzungsfunktion zu. Erleichterungen sogar über die Alarmwerte hinaus sind an der Tagesordnung. Die quasi automatischen, vom Gesetz eingeräumten Erleichterungsmöglichkeiten prägen zudem die Vollzugspraxis in dem Sinne, dass das BAZL die Lärmproblematik schon gar nicht mehr ernst nimmt und

---

[46] Vgl. ZÄCH/WOLF, Art. 20 USG N. 27 ff.; WOLF, Art. 25 USG N. 63. Das BG zur Lärmsanierung der Eisenbahnen vom 24. März 2000 (SR. 742.144) und die dazugehörige Verordnung vom 14. November 2001 (742.144.1) verwässern diese baulichen und gestalterischen Möglichkeiten allerdings, indem sie mit dem so genannten Kosten-Nutzenindex (KNI) die Schutzfunktion gerade in dünn besiedelten Gebieten als unverhältnismässig deklarieren.

[47] Verwirklicht von Unique im so genannten Schallschutzprogramm 2010, zu welchem sie unter anderem bei Erteilung der Baukonzession Dock Midfield (BGE 126 II 522 ff., E. 35), aber auch bei Erteilung der Betriebskonzession verpflichtet worden ist, obwohl der Lärmbelastungskataster für den Flughafen Zürich auf Grund der unsicheren Betriebssituation nach wie vor aussteht.

sogar dort, wo echte Begrenzungen technisch und betrieblich möglich wären, diese Möglichkeiten nicht ausschöpft[48]. Zweitens sind die angeordneten Schallschutzmassnahmen unvollkommen. Obwohl jedermann weiss, dass Schallschutzfenster häufig nicht genügen, werden sie zur einzigen Schutzmassnahme erhoben[49].

Da dem USG somit keine Schutzfunktion zukommt, ist eine indirekte, aus dem Enteignungsrecht fliessende faktische Begrenzungsfunktion der Belastungsgrenzwerte umso mehr zu betonen: Da der Flughafenhalter riskiert, Entschädigungen für den lärmbedingten Minderwert von Liegenschaften leisten zu müssen, wenn die Immissionsgrenzwerte überschritten (und die hier nicht zu behandelnden weiteren Voraussetzungen für eine Entschädigung[50] erfüllt sind) sind, steht den Eigentümern die Möglichkeit offen, sich vom Flughafenhalter auf diesem Wege schadlos zu halten. Die Furcht vor entsprechenden Entschädigungszahlungen hat beispielsweise die Flughafen Zürich AG bewogen, die letzte Nachtstunde zu respektieren und den Flugbetrieb erst ab 0600 Uhr aufzunehmen und nicht bereits – wie vom Bundesgericht in BGE 126 II 522 ff., E. 35 festgelegt – ab 0530 Uhr. Dieser Verzicht erfolgte, seit der Anflug am Morgen von Süden her erfolgen muss. Die halbe Ausschöpfung der dritten Nachtstunde hätte zu einer grossflächigen Überschreitung des Nachtimmissionsgrenzwertes in Zürich-Schwamendingen, Stettbach, Gockhausen bis in den Raum Zumikon geführt und hätte damit den Weg für entsprechende Immissionsentschädigungen zumindest erleichtert[51].

2.　　Lärmbelastungsmass Leq

Der Leq ist ein Energie äquivalenter Dauerschallpegel. Er entspricht dem Integral der über einen gewissen Zeitraum emittierten Schallenergie. Art. 38

---

[48]　Vgl. vorn I.B.2 sowie hinten III.C.

[49]　Ob die Weigerung der Flughafenhalterin, auch andere bauliche Massnahmen als Schallschutzfenster zu treffen, vor dem Gesetz Bestand haben wird, wird sich eines Tages ergeben. Hinzuweisen ist auf URP 10/1996, 319 ff., sowie ebenda 852 ff.; gemäss diesem BGE erscheint auch eine eigentliche Fassadensanierung als nicht ausgeschlossen, wobei sich aber der Gebäudeeigentümer denjenigen Anteil der Sanierung, welcher auf den ordentlichen Unterhalt entfällt, anrechnen lassen müsste.

[50]　Vgl. den Beitrag von ROLAND GFELLER in diesem Band.

[51]　Heute ist absehbar, dass eine grosse Zahl von betroffenen Eigentümern in der so genannten Südanflugschneise vom Flughafenhalter dennoch Minderwertentschädigungen verlangen werden. Sie stützen sich dabei auf die Tatsache, dass tägliches, ab 0600 Uhr erzwungenes Wecken selbst am Wochenende und an Feiertagen zweifellos das Mass des Zumutbaren überschreitet, ganz unabhängig davon, ob die Immissionsgrenzwerte überschritten sind. Da Unique naturgemäss auf dem Gegenteil beharrt, wird das Bundesgericht auch diese Frage entscheiden müssen.

LSV schreibt vor, dass Fluglärmimmissionen grundsätzlich durch Berechnungen, welche dem anerkannten Stand der Technik gemäss durchzuführen sind, ermittelt werden. Eigentliche Lärmmessungen sind damit nur in begründeten Ausnahmefällen durchzuführen. Anhang 5 LSV enthält detaillierte Anweisungen zur Berechnung des gewichteten Dauerschallpegels Lr sowie zu den Belastungsgrenzwerten, auf welche hier zu verweisen ist. Festzuhalten ist, dass Lärm zwischen 0600 und 2200 Uhr dem 16 Stunden Leq Tags zugerechnet wird. In der Nacht gelten für die Zeit von 2200 bis 2300 Uhr (erste Nachtstunde), 2300 bis 2400 Uhr (zweite Nachtstunde) sowie 0500 bis 0600 (dritte Nachtstunde) scharfe Ein-Stunden-Leq[52].

Der heutige Leq reagiert auf Schallenergie ganz allgemein und damit auch auf die Anzahl der Schallereignisse. Als Lärmbelastungsmass der 1970er-Jahre pönalisiert er zu Recht sehr laute Flugzeuge, denn zweifellos war der Start von Düsenjets der ersten und zweiten Generation, aber auch noch jener von B-747 Jumbo und MD-11 für tief überflogene Gebiete wie Glattbrugg-Opfikon oder Höri sehr unangenehm. Denn er verunmöglichte selbst im Gebäudeinneren nicht bloss die Verständigung, das Telefonieren oder Radio- und TV-Hören. Er brachte auch durch tieffrequente Erschütterungen Wände und Fensterscheiben zum Zittern bzw. zum Klirren. In den letzten 30 Jahren hat die Schallbekämpfung an der Quelle, d.h. vor allem an den Triebwerken der Flugzeuge, sehr grosse Fortschritte gemacht. Demgemäss erzeugen moderne Flugzeugmuster sehr viel weniger Schall. Damit nimmt der Leq rund um die Flughäfen ab, sofern dies nicht durch überproportionale Verkehrszunahmen ausgewogen wird. Die neue Lärmwirkungsforschung weist nach, dass die Empfindlichkeit der Bevölkerung gegenüber Fluglärm trotz abnehmendem Leq tendenziell zunimmt[53]. Neueste wissenschaftliche Untersuchungen bestätigen, dass die in Leq ausgedrückte starke Belästigung der Bevölkerung heute erheblich früher einsetzt als in den früheren Jahrzehnten[54].

Plakativ dargestellt erzeugen drei B-747 Jumbojets über dem Stadthaus Opfikon gleichviel Schall in Leq wie 200 bis 250 Airbus A-320. Der kleine Unterschied liegt darin, dass die Bevölkerung statt drei ohrenbetäubenden Ereignissen gefolgt von sehr langen Ruhepausen durchschnittlich alle 4.5 Minuten

---

[52] Vgl. dazu Schriftenreihe Umwelt (SRU) Nr. 296, Belastungsgrenzwerte für den Lärm der Landesflughäfen, 6. Teilbericht der Eidg. Kommission für die Beurteilung von Lärm-Immissionsgrenzwerten, September 1997, hrsg. vom BUWAL, Bern 1998, 43.

[53] Im Baukonzessionsentscheid Dock Midfield setzte sich das Bundesgericht sehr kritisch mit dem Leq als störwirkungsadäquatem Mass für Fluglärm auseinander (vgl. BGE 126 II 522 E. 45). Es referierte dort insbesondere Bestrebungen in Deutschland, ergänzend auf Maximalpegel abzustellen.

[54] Vgl. CHRISTIAN BRÖER/KATJA WIRTH, Mehr Belästigung bei gleichem Pegel, Zeitschrift für Lärmbekämpfung 2004, 118 ff., mit Überblick über die diesbezügliche Lärmwirkungsforschung.

während des 16-Stunden-Tags des Leq überflogen würde. Der durch die längeren Pausen erzeugte Erholungseffekt wird vernichtet. Es kann keine Entspannung nach einem Lärmereignis eintreten, weil das Unterbewusstsein weiss, dass das nächste Lärmereignis in sehr kurzer Zeit folgen wird. Der Leq aber spiegelt diese Zusammenhänge nicht.

Wer somit einer Fluglärmbegrenzung mittels Leq das Wort spricht, hat zum Ziel, einem Flughafen weitere, lediglich durch die technischen Pistenkapazitäten beschränkte Wachstumsmöglichkeiten zu eröffnen, ohne Rücksichtnahme auf das effektive Empfinden der Bevölkerung über die Störwirkung. Der Leq hat als störwirkungsadäquates Mass ausgedient. Im Entscheid des Bundesgerichts vom 27. Juli 2004 betreffend die Verjährung von Enteignungsforderungen für 129 Eigentümer aus Opfikon[55] erwog das Bundesgericht, dass für die Spezialität des Schadens, d.h. die besondere Betroffenheit eines Eigentümers, neben dem Leq ebenso sehr auf Art und Anzahl der Schallereignisse abzustellen sei. Die Verjährungseinrede des Flughafenhalters hat es im Ergebnis verworfen, weil im Raume Opfikon-Glattbrugg in kurzer Zeit eine Verdoppelung der Flugbewegungen stattfand. Art und Anzahl der Flugbewegungen werden im unter anderem in Australien vorgeschriebenen Fluglärmbelastungsmass NAT (Noise Above Threshould) gut gewichtet. Bei mehr als 60 Überflügen täglich sind in diesem Lärmbelastungsmass bereits über 50% der betroffenen Bevölkerung stark gestört[56]. Der Immissionsgrenzwert nach schweizerischem Muster wurde so festgelegt, dass bloss ca. 25 bis 30% der betroffenen Bevölkerung stark gestört sind. Mit dieser Vorgabe kam die Eidgenössische Kommission für Lärmbekämpfung auf den Immissionsgrenzwert von 60 dB(A) Leq in ruhigen Wohnzonen. Im Bereiche des Ostanfluges werden Spitzenpegel von über 70 dB(A) weit über Nürensdorf hinaus erzeugt. Im Südanflug auf Piste 34 werden diese Spitzenpegel sogar im erhöhten Gebiet von Uetikon am See gemessen. Da die Überflüge in beiden Gebieten während Ruhezeiten der Bevölkerung erfolgen, versteht sich von selbst, dass die Störwirkung sehr gross, selbst wenn täglich weniger als 60, aber dafür auf den ganzen Tag verteilte, Überflüge erfolgen. Mit anderen Worten ergibt sich aus diesen Überlegungen, dass in beiden neuen Anflugschneisen mit grosser Wahrscheinlichkeit mehr als 25 bis 30% der Bevölkerung stark gestört sind, obwohl, wie oben[57] erwähnt, der Immissionsgrenzwert im Südanflug praktisch nirgends überschritten wird, einen kleinen Zipfel von Zürich-Schwamendingen ausgenommen.

---

55 BGE 130 II 394 ff.
56 JOACHIM KASTKA, Gutachten betr. Untersuchung der Fluglärmbelastungs- und Belästigungssituation der Allgemeinbevölkerung der Umgebung des Flughafens Frankfurt, Düsseldorf 1999, 4 und 19.
57 III.B.1.

Beim Ostanflug präsentiert sich die Lage insofern anders, als der scharfe Ein-Stunden-Leq nachts die Störwirkung – selbst in Leq ausgedrückt – besser abbildet.

Aus all dem ist zu schliessen, dass das Lärmbelastungsmass Leq nach der konstanten neuen Lärmwirkungsforschung die Kriterien von Art. 15 USG für die Festlegung von Immissionsgrenzwerten nicht mehr erfüllt. Allerdings weiss der Praktiker, dass auch der soeben beschriebene NAT 70 nicht in allen Situationen gut mit der Störwirkung der Bevölkerung korreliert. Daher wäre es falsch, einfach einem Wechsel des Lärmbelastungsmasses das Wort zu Reden. Die Suche nach einem neuen Lärmbelastungsmass wird sich im Übrigen auch deshalb als schwierig erweisen, weil sich der Leq in der EU und in den USA etabliert hat und weil die Luftverkehrslobby dessen eminente Vorteile für sie nicht verkennt und ihn daher verteidigen wird. Bis sich ein neues Lärmbelastungsmass durchgesetzt hat, könnte eine Kombination von Leq und NAT 70 Nachteile und Vorteile beider Lärmbelastungsmasse ausgleichen. Ohne so konkret zu werden, hat das Bundesgericht im erwähnten Enteignungsentscheid diesen Weg vorgespurt.

C. Vorsorgeprinzip als Schranke?

Weil der SIL, wie vorne gezeigt[58], das Betriebskonzept eines Flughafens in den Grundzügen umreisst, bestimmt er grundsätzlich auch das Ausmass des Schutzes der Bevölkerung in der näheren und weiteren Umgebung des Flughafens. Insbesondere ist der Entscheid, ob die künftige Lärmbelastung oder eine Reduktion der über dem Immissionsgrenzwert beschallten Flächen rund um den Flughafen oder über einen Bewegungsplafond erfolgen soll, im Objektblatt des SIL und nicht in einem Verfahren zur Genehmigung eines Betriebsreglementes zu treffen.

Wie vorne[59] umschrieben, ermöglicht eine Steuerung über den Leq, d.h. über eine Reduktion der über dem Immissionsgrenzwert beschallten Gebiete bei relativ geringfügigen Fortschritten der Lärmbekämpfung an der Quelle, d.h. an den einzelnen Flugzeugen, eine überproportionale Verkehrszunahme. Damit wird sich die Korrelation mit der empfundenen Störwirkung der Anwohner weiter verschlechtern. Eine Steuerung über den IGW wird damit keine Befriedung der Bevölkerung rund um den Flughafen bewirken. Solange kein anderes Lärmbelastungsmass bzw. eine Kombination von Lärmbelastungs-

---

[58] I.C.
[59] III.B.2.

massen[60] etabliert sind, eignet sich daher nur der Bewegungsplafond für eine Begrenzung der Störwirkung aus Fluglärm. Ein solcher Bewegungsplafond ist zulässig[61].

Nach diesen insgesamt ernüchternden Einschränkungen, welche sich aus dem Vorrang des SIL ergeben, ist anhand einiger Beispiele auszuloten, was an konkreten Begrenzungen des Lärms im Sinne von Art. 11 Abs. 2 USG im Rahmen eines Planauflage- oder Betriebsreglementsverfahrens möglich ist.

- Der Entscheid über Betriebskonzepte Nord-Ost oder Süd-Ost und derjenige über eine Kanalisierung oder Verteilung des Lärms hat grundsätzlich bei der Festlegung des Objektblatts des SIL zu erfolgen[62].

- Tageszeitlich eingeschränkte Betriebszeiten für gewisse An- oder Abflugrouten sind im Betriebsreglement festzulegen.

- Ebenfalls ist die konkrete Ausgestaltung gewisser Abflugrouten oder Anflugrouten Gegenstand des Betriebsreglements. Seit dem Jahre 2000 haben beispielsweise Änderungen in der Struktur des Luftraums ausserhalb der Kontrollzone Zürich sowie die Einführung der Trägheitsnavigationsverfahren dazu geführt, dass die Abflugrouten West so verlegt wurden, dass das Siedlungsgebiet von Dällikon plötzlich doppelt so viele Überflüge verzeichnete wie bisher. Dafür wurde das Industriegebiet von Dällikon entlastet. Ebenso führten diese Änderungen dazu, dass bevorzugte Siedlungsgebiete der Gemeinde Regensdorf plötzlich erheblich stärker belastet wurden. Die Bevölkerung fühlt sich seither sehr viel stärker gestört. Die zuständigen Instanzen hatten eine Lärmmehrbelastung noch verneint mit dem Hinweis, dass sich am Leq ja nichts verändere. Da die Gemeindebehörden zuerst lange über eine Rückgängigmachung dieser Flugroutenverlegung verhandelten, wurde ihre schliesslich doch eingereichte Beschwerde gegen diese Änderung von der zuständigen Rekurskommission als ver-

---

60 Vgl. vorn III.B.2.
61 Dem Hauptargument der Luftfahrtlobby, der so genannte Zulassungszwang verbiete einen solchen Plafond, ist seit BGE 126 II 522 auch höchstrichterlich der Riegel geschoben. Als neuestes Argument gegen einen solchen Plafond wird in der politischen Diskussion die EU-Richtlinie 2002/30/EG angeführt, welche gar einen Ausbau von Flughäfen erzwingen solle. Eine solche Interpretation ginge aber weit über den konkreten Inhalt dieser Richtlinie hinaus.
62 Seit dem Diktum des Bundesgerichtes über den Grundsatz, dass Lärm nicht einfach verteilt werden kann, sondern die Ausgestaltung des Betriebs so zu erfolgen hat, dass möglichst wenige Personen über dem Immissionsgrenzwert beschallt sind (vgl. FN 14), wäre ein klarer Verstoss gegen dieses Prinzip durch den SIL im Verfahren zur Änderung des Betriebsreglements akzessorisch anfechtbar.

spätet erklärt[63]. Anlässlich der nächsten Überprüfung des Betriebsreglements wird diese Änderung erneut zur Diskussion zu stellen sein.

- Ebenfalls im Betriebsreglementsänderungsverfahren ist überprüfbar, ob die Flugzeuge aus den Warteräumen grundsätzlich in einem energie- und lärmsparenden Sinkflug auf das ILS eingewiesen werden oder ob sie dieses nach Anweisungen der Flugsicherung im Horizontalflug erreichen müssen[64].

- Seit Einführung der neuen Trägheitsnavigationsverfahren ist die Flugsicherung immer mehr dazu übergegangen, Flugzeugen im Abflug ab Erreichen der Höhe vom 5'000 Fuss über Grund Abweichungen von den Normalflugrouten zu gestatten, da eine solche, breiter gefächerte Benutzung des Luftraumes die Kapazität erhöht. Das führt dazu, dass heute weite Gebiete rund um den Flughafen Zürich mit diffusem Fluglärm beschallt werden. In der Regel bewirkt dies zwar keine Überschreitung des Immissionsgrenzwertes, ja nicht einmal eine solche des Planungswertes. Dennoch fühlt sich die Bevölkerung in der weiteren Umgebung des Flughafens gestört. Besonders lästig ist die lange Dauer eines Überflugs, welcher bereits in einer grösseren Höhe erfolgt. So verschlechterte sich beispielsweise die Situation der lärmgeprüften Rümlanger-Bevölkerung weiter, als sie nicht mehr bloss den Lärm der auf der Westpiste startenden, am nördlichen Dorfkern vorbeifliegenden Flugzeuge zu erdulden hatte, sondern auch denjenigen der auf Piste 16 nach Süden gestarteten Flugzeuge, welche in einer langen Linkskurve über Opfikon und das Flughafengebiet zunächst nach Westen drehen und das Gemeindegebiet von Rümlang bereits in circa 5'000 Fuss über Grund überfliegen.

- Der so genannte gekröpfte Nordanflug, welcher statt über deutsches Gebiet in einem Korridor der nördlichen Landesgrenze entlang führt, dürfte demgegenüber im Grundsatz wohl zuerst im SIL festgelegt werden müssen, da er raumplanerische Interessen des Kantons Aargau berührt.

- Eine weitere Ausdehnung der Nachtruhe kann ebenfalls Gegenstand eines Betriebsreglementsänderungsverfahrens sein.

Neben dem Lärm der startenden und landenden Flugzeuge macht in der nächsten Umgebung des Flughafens auch der so genannte Betriebslärm zu schaffen. BGE 126 II 522, 564 führt dazu aus: "Dass der Lärm rollender

---

[63] Entscheid der REKO UVEK vom 29. August 2003 im Beschwerdeverfahren B-2003-13 (nicht publiziert).

[64] Da die An- und Abflugrouten häufig bei der UVP noch nicht festgelegt sind und auch nur im AIP Schweiz publiziert werden, werden der Öffentlichkeit wesentliche Entscheidgrundlagen vorbehalten.

Flugzeuge in aller Regel im Grundgeräusch untergeht, ist bei einem Versuch auf dem Flughafen Zürich im Zusammenhang mit dem Bau der Standplätze Rorzelg bestätigt worden. Obschon dieses Experiment mit einem erfahrungsgemäss lauten Flugzeugtyp abends um 2200 Uhr bei einem Grundgeräusch von 35 bis 45 dB(A) durchgeführt wurde, erwies sich das Geräusch des rollenden Flugzeugs als unmessbar und kaum hörbar". Das Bundesgericht traf diese Feststellung, ohne dass es den beschwerdeführenden Gemeinden Gelegenheit gegeben hätte, sich dazu zu äussern. Ebenfalls waren diese am erwähnten Experiment nicht beteiligt. Die Bevölkerung der nahe am Flughafen gelegenen Gemeinden Rümlang, Opfikon und Kloten nimmt den Betriebslärm anders wahr. Je nach Windlage wird der Verkehr der Flugzeuge am Boden auf dem Tarmac oder auf den Rollwegen als stark bis sehr stark störend wahrgenommen. Eine Quelle stetigen Ärgernisses ist es auch, dass Schalldämpferanlagen für Standläufe von Triebwerken der modernen Grossflugzeuge fehlen, weshalb solche auf Rollwegen und bei schwachem Verkehr abends auch auf den Pisten vorgenommen werden.

IV. Raumplanerischer Aspekt des Lärms: Bauen in lärmbelastetem Gebiet

Gemäss Art. 22 USG dürfen Baubewilligungen für neue Gebäude, die dem längeren Aufenthalt von Personen dienen, grundsätzlich nur erteilt werden, wenn die Immissionsgrenzwerte nicht überschritten werden. Damit wäre die Errichtung neuer Bauten in erschlossenen Wohnzonen im weiten Umkreis um den Flughafen Zürich nicht mehr möglich. Denn die üblichen baulichen oder gestalterischen Massnahmen, die das Gebäude vor Lärm abschirmen, sind beim grundsätzlich von oben einwirkenden Fluglärm kaum wirksam[65]. Die Baudirektion des Kantons Zürich war daher dazu übergegangen, den Gemeinden im mutmasslichen Perimeter des Immissionsgrenzwertes rund um den Flughafen Zürich generell ihre Zustimmung zu Bauten in erschlossenen Nutzungszonen zu erteilen. War der Alarmwert überschritten, behielt sie sich eine individuelle Zustimmung vor. Sogar in solchen Gebieten wurden Baubewilligungen erteilt. Der Entscheid des Bundesgerichts vom 9. September 2003[66] mahnt bezüglich der Erteilung von Baubewilligungen in übermässig belasteten Gebieten zu erheblich grösserer Zurückhaltung. Da indessen häufig der Beschwerdeführer fehlt, wenn die auf Verwertung bedachten Bauherr-

---

[65] Vgl. WOLF, Art. 22 USG N. 25 ff.
[66] BGr 1A.108/2003 vom 9.9.2003.

schaften sowie die Behörden aller Stufen am selben Stricke ziehen, ist offen, ob er die Anzahl der Bauvorhaben in flughafennahen Gebieten reduzieren wird. Das ist auch für den Flughafen zu bedauern, wird er auf diese Weise doch stetig weiter eingeschnürt.

Gemäss Art. 24 USG dürfen grundsätzlich keine neuen Bauzonen für Wohngebäude oder andere Gebäude, die dem längeren Aufenthalt von Personen dienen, ausgeschieden werden in Gebieten, in welchen die Planungswerte überschritten sind. Dieser Grundsatz bringt die räumlichen Entwicklungsmöglichkeiten von Gemeinden im Einzugsgebiet des Flughafens zum Erliegen. Bisher wird er relativ kompromisslos durchgeführt. Bereits denkt aber die Baudirektion des Kantons Zürich über eine Aufweichung dieses Grundsatzes im Zusammenhang mit der Planung Relief nach.

Die von solchen Baubeschränkungen betroffenen Gemeinden liegen im Westen, Norden, Osten und im dem Flughafen nahe gelegenen Süden. Nicht betroffen von solchen Bau- und Erschliessungsverboten sind demgegenüber die Gebiete im so genannten Südanflug auf die Piste 34. Denn die Planungswerte sind bei der geplanten Belegung dieser Piste für Südanflüge ausser im bereits überbauten Gebiet von Zürich-Schwamendingen nirgends überschritten.

V. Bilanz

Dass die Raumplanung rund um die schweizerischen Landesflughäfen versagte, ist heute Gemeinplatz. Weniger gerne hören die Politiker die Feststellung, dass das Umweltrecht versagt und ebenfalls keine Steuerungsfunktionen ausübt. Statt der Bevölkerung wirksamen Schutz vor übermässigem Lärm zu gewähren, bietet es in Form von Schallschutzfenstern völlig ungenügende Surrogate an. Statt neue Siedlungen in der Nähe lärmiger öffentlicher Anlagen zu verhindern, werden sie seit Jahren mit – illegalen – Ausnahmebewilligungen bewilligt.

Von einer Gleichberechtigung der Verfassungsziele ist in diesem Bereich nichts zu spüren: Stets ziehen die Schutzaspekte den Kürzeren vor den wirtschaftlich motivierten Interessen an einem weiteren Ausbau der Mobilität. Daran ändert auch der Nachhaltigkeitsgrundsatz (Art. 73 BV) nichts. Denn in der gegenwärtigen, politisch motivierten Auslegung wird den ökonomischen Nachhaltigkeitszielen zum Vornherein der Vorrang gegeben, selbst wenn die Lebensgrundlagen dabei ernsthaft gefährdet werden.

Wir gelangen langsam ans Ende des Erdölzeitalters. Dank des enormen Energieverbrauchzuwachses in den Schwellenländern, insbesondere in China, wird ein stetiges Steigen des Erdölpreises wahrscheinlicher. Darauf reagiert die Luftfahrtindustrie besonders empfindlich, ist doch der Treibstoffpreis ein wichtiger Unkostenfaktor, weshalb er auch direkt auf die Flugpreise durchschlägt. Damit könnte das ungebremste Verkehrswachstum, das mit den Mitteln des Umweltschutzrechts nicht in den Griff zu bekommen war, ein Ende finden. Denjenigen, welche versuchten, es durchzusetzen, und hochtrabende Wachstumspläne ab und zu etwas verzögern konnten, käme dann das Verdienst zu, dass sie die Volkswirtschaft vor noch grösseren Fehlinvestitionen in den ausser Rand und Band geratenen Verkehrssektor bewahrt hatten.

Fluglärm und die Enteignung von Nachbarrechten

ROLAND GFELLER

Vgl. für Literatur, Rechtsquellen, Judikatur, Materialien und Abkürzungen die Verzeichnisse vorn in diesem Band.

I. Ausgangslage

Die Lärmproblematik in der Umgebung des Flughafens Zürich hat sich in den letzten 10 Jahren akzentuiert. Als Grund kann u.a. die Einführung der so genannten 4. Welle im Jahr 1996 durch die damalige Swissair (Verlegung der Langstreckenflüge von Genf nach Zürich)[1] genannt werden. Aber auch die seit 2001 verfügten deutschen Einschränkungen für Anflüge über süddeutschem Raum auf den Flughafen Zürich hat die Problematik weiter verschärft. Diese Einschränkungen machten bekanntlich die vermehrten Ostanflüge sowie die Einführung der Südanflüge überhaupt notwendig. Dadurch und durch ein allgemein gestiegenes Umweltbewusstsein hat die Lärmsensibilität der Bevölkerung zugenommen. Dies erklärt vielleicht die Flut von Entschädigungsbegehren. Dazu ein paar Zahlen: Zurzeit sind gegen 10'000 Entschädigungsbegehren bei der Baudirektion des Kantons Zürich hängig, wobei anzumerken ist, dass diese sistiert worden sind[2]. Gegen 700 Begehren wurden bereits an die Eidgenössische Schätzungskommission überwiesen. Ein materieller Entscheid betreffend Entschädigungshöhe wurde allerdings bis anhin noch nicht gefällt.

In den vorgängigen Referaten wurden u.a. die raumplanerischen[3] und umweltrechtlichen[4] Auswirkungen des Flughafenbetriebs erläutert. Bei den vorliegenden Ausführungen geht es nun hauptsächlich darum, die Voraussetzungen zu referieren, unter welchen die betroffenen Nachbarn eine Entschädigung für die Lärmimmissionen aus dem Betrieb der Landesflughäfen und im Speziellen des Flughafens Zürich fordern können.

II. Geschichtliches und Rechtsgrundlagen

Bereits die Bundesverfassung vom 12. September 1848 hat in Artikel 21 die Ermächtigung der Eidgenossenschaft vorgesehen, gegen eine gerechte Entschädigung das Enteignungsrecht auszuüben, um öffentliche Arbeiten, die im Interesse der Schweiz oder eines grossen Teils derselben liegen, auszuführen. Das erste Enteignungsgesetz datiert vom 1. Mai 1850. Der Erlass fiel mit den damaligen Plänen für die Schaffung eines Eisenbahnnetzes zusammen. Ein

---

[1] BGE 130 II 394 E. 12.2.1 und 12.3.1.
[2] Viele dieser Begehren wurden rein vorsorglich zwecks Unterbrechung einer allenfalls laufenden Verjährungsfrist eingereicht.
[3] Referat von ALAIN GRIFFEL.
[4] Referat von PETER ETTLER.

solches hätte ohne die Möglichkeit des Staates, Boden zu enteignen, nicht realisiert werden können[5, 6].

Nachbarrechte als mögliche Enteignungsobjekte waren gesetzlich nicht vorgesehen, wurden von der Praxis aber bereits während der Geltung des Expropriationsgesetzes vom 1. Mai 1850 anerkannt[7, 8]. Die damalige Anerkennung der Enteignung von Nachbarrechten in der Praxis wurde anlässlich der Schaffung des Bundesgesetzes über die Enteignung (EntG) im Jahre 1930 in das Gesetzesrecht des Bundes überführt[9].

Gemäss dem massgeblichen Art. 5 EntG können neben dinglichen Rechten u.a. auch die aus dem Grundeigentum hervorgehenden Nachbarrechte enteignet werden. Mit letzteren sind die in Art. 679 in Verbindung mit Art. 684 ZGB geregelten nachbarrechtlichen Abwehrrechte gemeint. Dabei sind nicht übermässige Immissionen zu dulden. Mithin können umgekehrt nur tatsächlich übermässige Einwirkungen zu einer Entschädigungspflicht führen[10]. Wann und unter welchen Voraussetzungen eine solche Entschädigungspflicht zu bejahen ist, wird weder in Art. 5 EntG noch in einer anderen Gesetzesbestimmung festgelegt. Dies ist der Grund dafür, dass im Bereich der formellen Enteignung von Nachbarrechten in erster Linie Richterrecht massgeblich ist. Es hat sich ab den 60er-Jahren denn auch eine breite Rechtsprechung entwickelt, vor allem im Zusammenhang mit dem Bau und der Erweiterung von Autobahnen.

Die Rechtsprechung hat insbesondere folgenden Grundsatz entwickelt: Gehen vom bestimmungsgemässen Betrieb eines im öffentlichen Interesse geführten Werkes unvermeidbare übermässige Immissionen aus, so haben Betroffene diese grundsätzlich zu dulden. Die nachbarrechtlichen Abwehransprüche entfallen damit. In diesem Umfang werden die Betroffenen enteignet. Ob eine solche Enteignung der Nachbarrechte auch zu einer Entschädigungspflicht führt, ist damit aber noch nicht bestimmt. Gemäss der seit 1968 vorherrschenden bundesgerichtlichen Rechtsprechung ist das Gemeinwesen in seiner Eigenschaft als Enteigner nämlich nur dann verpflichtet, einen Nachbarn zu entschädigen, wenn – kurz gesagt – die Immissionen unvorhersehbar und

---

5   BOVEY 80.
6   HESS/WEIBEL, Band I, 1 ff.
7   BGE 116 Ib 11 E. 2a; BGE 36 I 623 E. 2.
8   Dies, obwohl das ZGB mit seinen Bestimmungen über die nachbarlichen Abwehrbefugnisse (Art. 679 in Verbindung mit Art. 684 ff. ZGB) erst im Jahre 1912 in Kraft gesetzt wurde (Art. 61 Abs. 1 der Anwendungs- und Einführungsbestimmungen des ZGB).
9   SR 711.
10   HESS/WEIBEL, Band I, Art. 19 N. 139 ff.; vgl. zudem u.a. BGE 129 II 72 E. 2.3/2.4 = Pra 2003 Nr. 137; BGE 124 II 543; BGE 122 II 349; BGE 121 II 317 = Pra 1996 Nr. 165.

speziell sind und der erlittene Schaden schwer wiegt[11]. Nur dann gelten die Immissionen enteignungsrechtlich als übermässig und damit als entschädigungspflichtig[12, 13].

Am 12. Juli 1995 hat das Bundesgericht die im Zusammenhang mit Immissionen aus dem Strassen- und Eisenbahnverkehr entwickelte Rechtsprechung erstmals auf die aus dem Betrieb von Flugplätzen herrührenden Lärmimmissionen angewendet[14]. Es hat vorab festgestellt, die automatische Unterdrückung der nachbarlichen Abwehrrechte greife auch bei den öffentlichen Flugplätzen[15]. Dies mit der Begründung, das Bundesrecht sehe für die Erstellung und die Inbetriebnahme einer solchen Anlage die Verleihung des Enteignungsrechts[16] an den Konzessionär[17] vor. Es bestätigte sodann, dass für die Begründung einer Entschädigungspflicht wegen der Verursachung übermässigen Fluglärms die drei Voraussetzungen „Nichtvorhersehbarkeit, Spezialität und Schwere" kumulativ erfüllt sein müssen.

III. Voraussetzungen für eine Entschädigung

A. Immissionsentschädigungen (wegen übermässigen Fluglärms)

1. Nichtvorhersehbarkeit (des Lärms)

a) Grundsatz

Zuerst gilt es zu entscheiden, ab welchem Zeitpunkt der übermässige Fluglärm aus dem Betrieb eines Flugplatzes als vorhersehbar zu beurteilen ist. Bei der Bestimmung des entsprechenden Stichtags hat sich das Bundesgericht

---

[11] BGE 94 I 286 (Entscheid Werren); vgl. u.a. auch BGE 110 Ib 43 (Bau der Teilstrecke Meggenhus-Buriet der N1) oder BGE 116 Ib 11 (Bau Teilstrecke Schöneichstrasse-AMAG des Nationalstrassenteils SN 1.4.4).

[12] BGE 94 I 301 E. 7 f.; BGE 102 Ib 273 ff.

[13] Was den ebenfalls entschädigungspflichtigen Spezialfall des rechtlich relevanten Überflugs anbelangt, vgl. BGE 129 II 72 = Pra 2003 Nr. 137.

[14] BGE 121 II 317 E. 4d, e und E. 5b mit Hinweisen = Pra 1996 Nr. 165 (Entscheid Jeanneret und Kons.).

[15] Vgl. z.B. den Entwurf des Berichts über die Luftfahrtpolitik der Schweiz vom 26. Juli 2004 betreffend Linienverkehr als öffentlicher Verkehr, 23, 34.

[16] Art. 36a Abs. 4 LFG.

[17] Konzessionserteilung durch das UVEK an die Flughafen Zürich AG vom 31. Mai 2001.

gefragt, ab wann ein neutraler Dritter oder ein Durchschnittsbürger die generelle Entwicklung des Zivilluftverkehrs und die damit einhergehenden Immissionen vorhersehen konnte. Es hat sich dabei auf den Wiederbeginn des geschäftlichen Luftverkehrs nach Ende des zweiten Weltkriegs im Jahre 1945, die Aktivitäten der Anwohnergemeinden seit 1956, den Teilbericht der eidgenössischen Expertenkommission im Bereich Lärmbekämpfung vom 1. Juli 1960 sowie insbesondere auf den Zeitpunkt der Inbetriebsetzung der ersten Strahlflugzeuge abgestützt. Das Bundesgericht setzte dann den Stichtag für die beiden Flughäfen Genf[18] und Zürich[19] auf den 1. Januar 1961 fest[20]. Mit anderen Worten ist also die Voraussetzung der Unvorhersehbarkeit nur dann erfüllt, wenn ein Grundstück vor dem 1. Januar 1961 gekauft wurde oder eine vor diesem Zeitpunkt erworbene Liegenschaft im Zuge einer Erbschaft oder eines Erbvorbezugs übergegangen ist. Für eine nach diesem Zeitpunkt erworbene Liegenschaft ist mithin von vornherein keine Entschädigung geschuldet.

b) Spezialsituation am Flughafen Zürich?

Gemäss der referierten Bundesgerichtsrechtsprechung gilt der Stichtag 1. Januar 1961 sicher für diejenigen „Nachbarn", welche beim bisherigen, bis Oktober 2001 gültigen An- und Abflugverfahren des Flughafens Zürich von Fluglärm betroffen waren. Das Betriebsregime des Flughafens Zürich musste bekanntlich wegen der deutschen Einschränkungen mehrfach provisorisch geändert werden[21]. Es fragt sich deshalb, ob insbesondere die Bewohner der dadurch vermehrt betroffenen Ostgemeinden und diejenigen der neu beflogenen Südgemeinden in Bezug auf die Nichtvorhersehbarkeit anders zu behandeln sind.

Darüber kann nur spekuliert werden. Das Bundesgericht deutete allerdings bisher in keinem einzigen Entscheid an, dass es bei der Nichtvorhersehbarkeit Änderungen in den An- und Abflugrouten berücksichtigen würde. Im Gegenteil, es führte explizit und unter Hinweis auf BGE 121 II 317 E. 6 bb das Folgende aus[22]:

> „Das Bundesgericht hat aufgrund der damaligen Entwicklungen geschlossen, dass sich in jener Zeit *jedermann* –

---

18 BGE 121 II 317 E. 6 = Pra 1996 Nr. 165.
19 BGE 123 II 481 E. 7b; vgl. auch die Bestätigung in BGE 128 II 231 E. 2.1 und 2.2 sowie BGE 130 II 394 E. 12.1.
20 Es gibt Anhaltpunkte dafür, dass der Zeitpunkt der Vorhersehbarkeit beim Flughafen Zürich bereits früher hätte angesetzt werden können, da mit der Tupolev 104 und einer Caravelle bereits im Jahre 1956 die ersten Strahlflugzeuge anlässlich eines Flugmeetings in Dübendorf landeten (vgl. aber BGE 130 II 394, E. 12.1).
21 Referat von REGULA DETTLING-OTT.
22 BGE 123 II 481 E. 7b (Hervorhebung durch den Verfasser).

und nicht bloss die Flughafen-Anwohner – über die hohe Fluglärmbelastung rund um die Landesflughäfen klar werden musste."

Ausserdem hält das Bundesgericht nun in seinem jüngsten Entscheid betreffend Verjährung fest: Gestützt auf den festgelegten Stichtag „dürfte nur ein kleiner Teil der lärmbetroffenen Grundeigentümer zu den enteignungsrechtlich Anspruchsberechtigten zählen"[23]. Wohl stehen im Unterschied zum Einpistenflughafen Genf auf dem Flughafen Zürich drei Pisten zur Verfügung. Erstens war aber dem Bundesgericht dieser Umstand und u.a. sogar der Neubau der sogenannten V-Piste im Jahre 1976 (Piste 14/32) bei der Festsetzung und Bestätigung des Stichtages in den Jahren 1997 und 2002 bestens bekannt. Zweitens kann, etwas salopp gesagt, jede Piste vom Grundsatz her von zwei Seiten verwendet werden, und zwar als Start- und als Landepiste. Somit könnte folgendermassen argumentiert werden: Jeder, der in die hypothetische Verlängerung einer Piste zog, musste mit der Möglichkeit von neuem oder vermehrtem Fluglärm rechnen. Jedenfalls konnte er nicht davon ausgehen, seine Lärmsituation bleibe auf alle Zeiten unverändert. Auf der anderen Seite gilt es zu berücksichtigen, dass insbesondere die Südgemeinden bisher von zivilem Flugverkehr praktisch verschont blieben. Aus diesem Grund wird umstritten sein, ob eine Käuferschaft beim Erwerb von Grundeigentum in dieser Gegend künftige Lärmimmissionen aus dem Flugverkehr in seine Überlegungen mit einbezogen hat. Damit wird die Frage, ob der Stichtag 1. Januar 1961 eins zu eins auch auf die neu oder vermehrt beschallten Ortschaften übertragen werden kann, letztlich vom Bundesgericht im konkreten Fall entschieden werden müssen.

2. Spezialität (der Intensität des Lärms)

a) Grundsatz

Das Erfordernis der Spezialität ist erfüllt, wenn die Immissionen eine Intensität erreichen, welche die Grenze des Üblichen und Erträglichen überschreitet[24]. Dieses Mass ist nach neuerer Rechtsprechung anzunehmen, wenn die in der eidgenössischen Umweltschutzgesetzgebung festgelegten Immissionsgrenzwerte überschritten werden[25]. Vor Erlass der Lärmbelastungsgrenzwerte für die Landesflughäfen stellte das Bundesgericht auf die Resultate der Eidgenössischen Expertenkommission ab. Seit 30. Mai 2001 ist der Anhang 5 zur Lärmschutzverordnung (LSV) zu beachten, wobei bei den Landesflughäfen zwischen den Belastungsgrenzwerten für den Tag (0600-2200 Uhr = 16 Stun-

---

[23] E. 9.2.
[24] Z.B. BGE 122 II 337 E. 3 = Pra 1997 Nr. 4.
[25] BGE 123 II 481 E. 7c; BGE 119 Ib 348 E. 5b.

den-Leq) und für die erste (2200-2300 Uhr), die zweite (2300-2400 Uhr) und die letzte (0500-0600 Uhr) Nachtstunde (= je Einstunden-Leq) unterschieden wird. Ein solcher Einstunden-Leq während der Nacht wurde vom Bundesrat einzig in Bezug auf den Zivilluftverkehr der Landesflughäfen, nicht aber beim Strassen- und Bahnverkehr festgelegt. Dieses Regime führt beim Flughafen Zürich dazu, dass die etwa 2.5% aller Flüge, welche in den drei Nachtstunden abgewickelt werden[26], über 50% der Kosten für Schallschutzmassnahmen und für die Enteignung von Nachbarrechten verursachen[27].

b)   Kritische Stimmen

Das Abstellen auf die Immissionsgrenzwerte wird spätestens seit Einführung der Südanflüge auf Piste 34 von verschiedener Seite kritisiert[28]. Der Grund ist folgender: Die Anflugroute über den Süden des Flughafens Zürich wird hauptsächlich wochentags von 0600 bis 0708 Uhr und an Samstagen, Sonntagen und an gesetzlichen Feiertagen von 0600 bis 0908 Uhr benützt[29]. Zur Anwendung gelangt somit der Lärmgrenzwert für den Tag, welcher sich – wie schon erwähnt – auf eine über 16 Stunden gemittelte Lärmbelastung bezieht. Dadurch wird der zwar tägliche, aber nur für eine relativ kurze Dauer zu ertragende Fluglärm quasi „verwischt". Oder anders gesagt, es wird nicht auf laute Einzelüberflugereignisse abgestellt, wie dies beim 1-Stunden-Leq eher der Fall ist. Aufgrund dieser, in der LSV vorgeschriebenen Berechnungsweise sind im Süden des Flughafens Zürich, mit Ausnahme eines kleinen Spickels in der Gemeinde Wallisellen, keine zusätzlichen Überschreitungen des Immissionsgrenzwertes durch Südanflüge zu verzeichnen[30]. Obwohl sich der Einzelne zu den sensiblen Zeiten, insbesondere am Morgen, erheblich gestört fühlen kann, besteht somit – gemäss der heutigen bundesgerichtlichen Praxis in Verbindung mit den geltenden Lärmbelastungsgrenzwerten – grundsätzlich keine Anspruchsgrundlage ausserhalb des genannten Landspickels in der Gemeinde Wallisellen. Eine Berücksichtigung der sensiblen Randstunden am Morgen und/oder am Abend im Sinne der Kritiker könnte deshalb nur durch eine Änderung der erst vor kurzem festgelegten Lärmbelastungsgrenzwerte in der LSV oder durch eine Änderung der Praxis des Bundesgerichts bewirkt werden.

---

[26] Basis ist das Gesuch der Flughafenhalterin des Flughafens Zürich für das so genannte vorläufige Betriebsreglement vom 31. Dezember 2003.

[27] Schätzung der Flughafenhalterin.

[28] PETER ETTLER, Der Zürcher Hauseigentümer 8/2003, 585 ff.

[29] Art. 33bis des Betriebsreglements für den Flughafen Zürich.

[30] www.unique.ch/dokumente/empa/_karte4.pdf (besucht am 2. November 2004).

3. Schwere (des Schadens)

a) Grundsatz

Die Voraussetzung der Schwere bezieht sich auf den durch die Immissionen erzeugten Schaden. Eine Entschädigung soll nicht für jeden beliebigen staatlichen Eingriff und damit auch nicht für jede beliebige Beeinträchtigung durch den öffentlichen Verkehr geschuldet sein[31]. Es braucht, mit anderen Worten, eine erhebliche Wertminderung oder eine wesentliche Verschlechterung der Wohnbedingungen[32]. Der Schaden muss somit eine gewisse Höhe oder einen gewissen Prozentsatz des Gesamtwertes einer Liegenschaft erreichen[33]. Ein Minderwert von 10% hat das Bundesgericht bereits mehrmals als erheblich erachtet[34]. Grundsätzlich wird das Vorliegen dieser Voraussetzung jedoch von Fall zu Fall beurteilt[35].

b) Minderwertbestimmung

Eine wirklich objektiv nachvollziehbare Berechnung des Minderwerts von Liegenschaften infolge übermässigen Fluglärms wurde bis heute nicht vorgenommen. Die in diesem Zusammenhang gefällten Urteile des Bundesgerichts deuten vielmehr auf grobe und doch eher willkürliche Annahmen hin. Der jeweilige Minderwert wurde denn auch im Gegensatz zu demjenigen des Verkehrswerts kaum je begründet[36]. Dies wohl deshalb, weil die traditionellen Schätzungsmethoden – auf welche das Bundesgericht bisher immer zurückgegriffen hat – bei der Berechnung des Minderwertes aus Fluglärm kaum weiterhelfen. Das unter anderem auch deshalb, weil bei Fluglärm im Gegensatz z.B. zu Bahnlärm[37] eine breiträumigere Beschallung stattfindet. Darum sind kaum taugliche Vergleichsobjekte (mit und ohne Fluglärm) in der gleichen Gemeinde zu finden[38]. Und wohl deshalb existieren keinerlei höchst-

---

[31] BGE 123 II 481 E. 7d.

[32] BGE 121 II 317 E. 7 = Pra 1996 Nr. 165.

[33] BGE 123 II 481 E. 7d.

[34] BGE 102 I b 276; BGE 101 Ib 408 f.

[35] WALTER JÜRG MÜLLER 112 ff.

[36] Sehr anschaulich BGE 122 II 337 E. 7 = Pra 1997 Nr. 4: Das Bundesgericht „löste" das Problem der Bestimmung des Minderwertes, indem es ohne jegliche Begründung zuerst den von den Experten ermittelten statistischen Mittelwert des Verkehrswertes von Fr. 200.- auf Fr. 275.- /m² erhöhte (E. 6b) und sodann, wiederum ohne nähere Erläuterungen, eine durch den Fluglärm entstandene Wertverminderung annahm und auf einen Drittel des ermittelten Wertes der Liegenschaft festsetzte (E. 7).

[37] Zum Unterschied von Fluglärm zu Strassen- und Bahnlärm BGE 121 II 317 E. 5b = Pra 1996 Nr. 165.

[38] Das Bundesgericht stellt vorzugsweise auf Vergleichsobjekte ab; vgl. dazu u.a. BGE 122 II 337 E. 3c = Pra 1997 Nr. 4; BGE 122 I 168; BGE 115 Ib 408; BGE 114 Ib 286 E. 2c.

richterliche Richtlinien und Vorgaben, wie ein solcher Minderwert in allgemein gültiger, generell nachvollziehbarer Weise berechnet werden soll.

Bei den bisher zugesprochenen Enteignungsentschädigungen handelt es sich um Einzelfälle im Zusammenhang mit dem Betrieb des Flughafens Genf. Bei den bereits eingeleiteten bzw. bei den noch zu erwartenden Enteignungsverfahren im Zusammenhang mit dem Betrieb des Flughafens Zürich sprechen wir dagegen von Tausenden von Begehren für Entschädigungen. Für die entsprechende Abwicklung ist deshalb ein standardisiertes Bewertungsmodell für eine objektive, nachvollziehbare und transparente Berechnung eines allfälligen Minderwertes schlicht unentbehrlich. Die Flughalterin und weitere Beteiligte sind zurzeit mit Spezialisten am Evaluieren, wie ein solches Bewertungsmodell aufgebaut werden könnte.

B. Spezialfall: Überflüge

1. Grundsatz

Ein rechtlich relevanter Überflug stellt ein Eindringen oder einen direkten Eingriff in den Luftraum eines Grundstückes dar. Ein solcher Überflug wird vom Bundesgericht speziell behandelt, weil dabei neben dem Lärm zusätzliche Risiken zu beachten sind und Schäden und Einwirkungen entstehen können, die in keinem Zusammenhang mit den Lärmimmissionen stehen. Gemäss dieser Rechtsprechung gelten bei der Beurteilung von Entschädigungen infolge Überflugs die drei Voraussetzungen "Nichtvorhersehbarkeit, Spezialität und Schwere", namentlich diejenige der Nichtvorhersehbarkeit, nicht. Die Nichtanwendbarkeit dieser Voraussetzung hat zur Folge, dass einem Eigentümer eines betroffenen Grundstücks eine Entschädigung gewährt werden kann, auch wenn diese Liegenschaft in einer Zeit gekauft wurde, in der sie bereits von Flugzeugen überflogen wurde. Falls ein Wohnhaus in Kenntnis der bereits bestehenden Lärmsituation erworben wurde, so kann allerdings die zu entrichtende Entschädigung aus Billigkeitsgründen herabgesetzt werden[39].

2. Kriterien

Ein rechtlich relevanter Überflug kann per definitionem nur dann vorliegen, wenn ein Grundstück direkt überflogen wird, also in der direkten An- oder Abflugschneise eines Flughafens liegt[40]. Was die Überflugshöhe anbelangt,

---

[39] Vgl. zum Ganzen BGE 129 II 72 E. 2.5-2.7 = Pra 2003 Nr. 137.
[40] BGE 129 II 72 E. 3 = Pra 2003 Nr. 137.

so stellte das Bundesgericht in BGE 123 II 481 fest, es sei nicht möglich, eine Mindestflughöhe festzulegen, da sich gemäss Art. 667 Abs. 1 ZGB das Eigentum nach oben auf den Luftraum soweit erstrecke, als für die Ausübung des Eigentums ein Interesse bestehe. Es müsse somit von Fall zu Fall und nach den konkreten Umständen bestimmt werden, ob ein entschädigungspflichtiger Überflug vorliege (E. 8). Als Hilfskriterien zur Bestimmung dieses Interesses wurden dabei mögliche physische und psychische Auswirkungen herangezogen. Bisher hat das Bundesgericht eine Entschädigungspflicht infolge eines Überflugs lediglich in Extremfällen als gegeben erachtet, namentlich bei einer Überflugshöhe von 60 m[41] und bei einer von 108 m[42]. Solch tiefe Überflüge sind am Flughafen Zürich jedoch die Ausnahme.

3.   Minderwertbestimmung

Bei der Bestimmung der Höhe der Entschädigung wird nicht geprüft, ob der Eigentümer eines von Überflügen betroffenen Grundstückes zusätzlich Anspruch auf eine spezielle Lärmentschädigung hat. Denn die wegen Überflugs geschuldete Entschädigung muss so festgesetzt werden, dass sie den erlittenen Schaden vollständig ersetzt. Dabei sind gemäss den Vorgaben des Bundesgerichts neben dem starken Lärm bei jedem Start oder bei jeder Landung auch die weiteren von den überfliegenden Flugzeugen verursachten Immissionen wie Luftwirbel, von den Motoren herrührender Gestank, Gefühle von Furcht oder Unbehagen etc. mit zu berücksichtigen[43].

Das Bundesgericht hatte bisher kaum Gelegenheit, sich zur Berechnung des Minderwertes zu äussern. Aber auch bei den Überflügen – wie bei den Immissionsentschädigungen – ist eine nachvollziehbare und vor allem objektivier- und standardisierbare Methode nicht ersichtlich. Von einer eigentlichen Berechnung des Schadens kann denn auch keine Rede sein, auch wenn das Bundesgericht eine solche vorzunehmen vorgibt. Jedenfalls machte das Bundesgericht seine Überlegungen zum Minderwert bisher nicht transparent. Oder was soll man davon halten, wenn das Bundesgericht bei dieser zentralen Frage lapidar festhält, die Delegation des Bundesgerichts und die Experten hätten die Wertminderung global auf 30% des Grundstückswerts geschätzt und es gebe keinen Grund, diese Schätzung zu verwerfen[44].

---

41 BGE 129 II 72 E. 3 = Pra 2003 Nr. 137.
42 BGE 122 II 349 E. 4cc.
43 BGE 129 II 72 E. 4 = Pra 2003 Nr. 137.
44 BGE 122 II 349 E. 4d.

IV. Art und Form der Entschädigung

Die Enteignung nachbarrechtlicher Abwehrbefugnisse kommt der zwangsweisen Errichtung einer Dienstbarkeit zur Duldung der vom Betrieb eines Flugplatzes ausgehenden übermässigen Einwirkung auf das betroffene Grundstück gleich. Es handelt sich somit um einen Fall der rechtlichen Teilenteignung, und es gelangen die Regeln über die Teilenteignung im Sinne von Art. 19 lit. b EntG zur Anwendung[45]. Sodann unterscheidet das Enteignungsgesetz zwischen Entschädigungen für eine dauerhafte und solchen für eine vorübergehende Enteignung[46]. Zwar stellt die dauernde Enteignung eher den Normalfall dar. Diese Regel ist in Bezug auf den Flughafen Zürich wegen den deutschen Einschränkungen und den damit im Zusammenhang stehenden häufigen Änderungen bei den Anflugverfahren jedoch in Frage gestellt.

Es gilt der Grundsatz der vollen Entschädigung[47]. Die Entschädigung ist grundsätzlich in Geld auszurichten. Sie kann in einer einmaligen Kapitalzahlung oder in einer wiederkehrenden Leistung (Rente) bestehen[48]. Es kann vom Enteignungsrichter aber auch Realersatz angeordnet werden[49]. Weil es sich bei der formellen Enteignung von Nachbarrechten um eine Teilenteignung handelt, ist für den Minderwert des verbleibenden Teils soweit kein Ersatz zu leisten, als dieser durch besondere Vorteile, die dem Enteigneten aus dem Unternehmen des Enteigners entstehen, aufgewogen werden[50]. Gemäss Bundesgericht sind solche „werkbedingte Vorteile" ohnehin an eine Enteignungsentschädigung an[zu]rechnen[51]. Allfällige Vorleistungen des Enteigners, wie z.B. das Anbringen von Schallschutzfenstern gestützt auf Art. 20 oder 25 Abs. 3 des Umweltschutzgesetzes (USG), sind bei der Festsetzung der Enteignungsentschädigung zu berücksichtigen[52]. Schliesslich ist die letztlich auszurichtende Summe grundsätzlich vom Tag der Besitzergreifung, d.h. vom Zeitpunkt an, an welchem die Immissionen übermässig geworden sind, zu verzinsen[53].

---

[45] BGE 121 II 350 E. 5d; BGE 106 Ib 245 = Pra 1981 Nr. 13.
[46] Art. 5 Abs. 2 EntG sowie Art. 6 EntG.
[47] Art. 26 Abs. 2 BV sowie Art. 16 EntG; vgl. auch MERKER 59 ff.
[48] Art. 17 EntG.
[49] Art. 18 EntG (vgl. auch Art. 7 Abs. 3 EntG betreffend Schutzvorkehren).
[50] Art. 22 Abs. 1 EntG.
[51] BGE 130 II 394 E. 12.3.3.
[52] BGE 121 II 350 E. 7.
[53] Art. 76 Abs. 5 EntG.

V. Verjährung

Die Verjährungsfrist für Enteignungsforderungen beginnt, insbesondere im Zusammenhang mit dem Betrieb des Flughafens Zürich, auch dann zu laufen, wenn die übermässigen Immissionen weiter andauern[54]. Die Verjährungsfrist beträgt fünf Jahre[55]. Sie beginnt ab dem Zeitpunkt zu laufen, an welchem die drei Voraussetzungen "Nichtvorhersehbarkeit, Spezialität und Schwere" erfüllt sind. Was den Beginn des Verjährungsfristenlaufs anbelangt, so ist das Bundesgericht in seinem jüngsten Entscheid von seiner bisherigen Praxis abgewichen, wonach dieser an den Eintritt der Spezialität, also an die erstmalige Überschreitung der Immissionsgrenzwerte geknüpft wurde[56]. Neu soll nun – auch – die Schwere des Schadens, die zudem objektiv erkennbar sein muss, massgebend sein[57]. Damit hat das Bundesgericht den Weg einer auch nur einigermassen objektiven Bestimmbarkeit des Fristenlaufs aufgegeben, zumal die Überschreitung der Immissions- und selbst der Alarmwerte (wie dies in Opfikon-Glattbrugg teilweise der Fall war) noch nicht automatisch bedeutet, dass die fluglärmbedingte Entwertung von Grundeigentum enteignungsrechtlich ins Gewicht fällt[58], also auch das Kriterium der Schwere erfüllt ist. Aus diesem Grund konnte das Bundesgericht in der Gemeinde Opfikon den Verjährungsfristenlauf trotz Überschreitung der massgeblichen Lärmbelastungsgrenzwerte seit den 70er Jahren erst ab 1996 beginnen lassen – also ab der Verlegung der Langstreckenflüge von Genf nach Zürich und der damit im Zusammenhang stehenden Erhöhung der Flugbewegungszahl. Umgekehrt ergibt sich aus dieser Argumentation natürlich, dass in solchen Fällen mangels Schwere bis dann gar kein relevanter Schaden entstanden und somit keine Entschädigung geschuldet ist, obwohl die Lärmbelastungsgrenzwerte allenfalls schon lange überschritten werden.

VI. Verfahren

Entschädigungsbegehren im Zusammenhang mit dem Betrieb von Flugplätzen sind an den Flughafenhalter zu richten. Im Fall des Flughafens Zürich ist dies seit der Erteilung der Betriebskonzession am 31. Mai 2001 die Flughafen Zürich AG. In der Eingabe sollte mindestens erwähnt werden, dass eine

---

[54] BGE 130 II 394 E. 10.
[55] BGE 130 II 394 E. 11.
[56] BGE 124 II 543 E. 5a
[57] BGE 130 II 394 E. 11.
[58] BGE 130 II 394 E. 12.3.

Entschädigung wegen übermässigen Fluglärms und/oder wegen Überflugs gefordert wird. Der Eingabe ist ein aktueller Grundbuchauszug mit Kaufdatum, ein gültiger Katasterplan, ein Mieterspiegel (bei Mehrfamilienhäusern) oder ein Nachweis über den Eigenmietwert (bei Einfamilienhäusern und bei Eigentumswohnungen) sowie die letzte Schätzung der Gebäudeversicherung beizulegen. Eine nähere Begründung und eine genaue Bezifferung des Begehrens kann, muss aber nicht vorgenommen werden. Die Flughafen Zürich AG nimmt daraufhin eine Vollständigkeitsprüfung vor. Grundsätzlich könnte bereits in diesem Stadium von den Parteien versucht werden eine Einigung zu erzielen. Andernfalls werden die vollständigen Unterlagen an die Eidgenössische Schätzungskommission überwiesen. Der Präsident der Eidgenössischen Schätzungskommission eröffnet dann das jeweilige Verfahren. Dabei werden die verschiedenen Verfahren Gemeindeweise zusammengefasst, also vereinigt[59]. In der Praxis wird infolge der Vielzahl von Eingaben vorab zumindest ein Schriftenwechsel zur Beantwortung von Grundsatzfragen durchgeführt. Erst dann lädt der Präsident der Eidgenössischen Schätzungskommission zu einer Einigungsverhandlung[60] ein. Kommt keine Einigung zustande, wird das eigentliche Schätzungsverfahren[61] eingeleitet. Grundsätzlich wird aufgrund einer mündlichen Verhandlung mit Augenschein entschieden[62]. Es können aber auch zusätzliche Schriftenwechsel angeordnet werden[63].

Gegen den Entscheid der Eidgenössischen Schätzungskommission sowie gegen ihre Teil- und Zwischenentscheide kann beim Bundesgericht Verwaltungsgerichtsbeschwerde geführt werden[64]. Das Bundesgericht ist an die Parteibegehren, nicht aber an die vorgebrachten Begründungen gebunden[65]. Gemäss der eigenen Praxis steht dem Bundesgericht in bundesrechtlichen Enteignungsverfahren trotz Art. 105 Abs. 2 OG auch in tatsächlicher Hinsicht freie Prüfung zu[66].

Die meisten Verfahren betreffend den Flughafen Zürich stehen mehr oder weniger am Anfang. Bis zum heutigen Tag haben noch keine Einigungsverhandlungen stattgefunden. Viele Verfahren waren und sind sistiert, z.B. alle Verfahren im Westen und im Norden des Flughafens Zürich. Die Opfiker-Fälle werden nach dem Entscheid des Bundesgerichts vom 27. Juli 2004 betreffend Verjährung[67] nun wieder aufgenommen werden[68]. Was die aus

---

59 Vgl. Art. 27 Abs. 1 und 2 EntG.
60 Art. 45 Abs. 2 EntG.
61 Art. 57 EntG.
62 Art. 67 Abs. 1 EntG.
63 Art. 68 EntG.
64 Art. 77 Abs. 1 EntG.
65 Vgl. Art. 114 Abs. 1 OG.
66 BGE 119 Ib 348 E. 1b; 119 Ib 447 E. 1.
67 BGE 130 II 394 ff.

dem Osten des Flughafens eingereichten Begehren anbelangt, so befindet man sich hier im Stadium der ersten schriftlichen Stellungnahmen. In Bezug auf die Südgemeinden sind noch praktisch keine Verfahren eröffnet worden.

---

[68] NZZ vom 10. August 2004, 41.

Fluglärm und materielle Enteignung

JÜRG SIGRIST

Vgl. für Literatur, Rechtsquellen, Judikatur, Materialien und Abkürzungen die Verzeichnisse vorn in diesem Band.

I. Ausgangslage

In den letzten Jahren haben in grossen Teilen des Kantons Zürich und in angrenzenden Gebieten Diskussionen über Fluglärmbelastungen und deren Folgen deutlich an Aktualität und Virulenz gewonnen; wenn man sich im Internet mit den Stichworten „Kloten" und „Fluglärm" auf die Suche begibt, gelangt man zu über 3'000 Treffern. Das grosse Interesse ist zweifellos einerseits darauf zurückzuführen, dass über die Jahre eine markante Zunahme von Flugbewegungen stattgefunden hat, und anderseits darauf, dass – als Folge der Auseinandersetzung mit Deutschland – umfangreiche Gebiete erstmals grösseren Immissionen ausgesetzt werden.

Im Zusammenhang mit diesen Problemen stellt sich die Frage, inwieweit sich die Betroffenen mit rechtsstaatlichen Mitteln gegen entsprechende Belastungen wehren resp. für daraus entstehende Folgen einen Ausgleich verlangen können.

II. Eigentumsgarantie

Bereits im Zeitpunkt der Ankündigung des sog. Südanflugs konnte man in der Tagespresse lesen, die Wertverluste, von denen Liegenschaften an der sog. Goldküste oder auf dem Pfannenstil betroffen seien, würden in Milliardenhöhe liegen[1]. Es lässt sich zweifellos nicht bestreiten, dass eine neu vom Fluglärm betroffene Liegenschaft einen geringeren Wert aufweist als zuvor. Eine andere Frage ist es allerdings, ob und gegebenenfalls in welchem Umfang solche Wertverluste auszugleichen sind.

Bekanntlich ist in Art. 26 der Bundesverfassung die Eigentumsgarantie als eines der zentralen Grundrechte unseres Rechtsstaates festgeschrieben. Die kurze Bestimmung lautet folgendermassen:

> Die Eigentumsgarantie ist gewährleistet.
>
> Enteignungen und Eigentumsbeschränkungen, die einer Enteignung gleichkommen, werden voll entschädigt.

Auch die alte Bundesverfassung enthielt in Art. 22ter eine analoge Bestimmung, die übrigens erst im Jahre 1969 zusammen mit dem Raumplanungsartikel (Art. 22^{quater}) formell aufgenommen worden ist. Schon früher wurde

---

[1] Tages-Anzeiger vom 18. August 2001, 1.

indessen die Eigentumsgarantie als ungeschriebener Verfassungsgrundsatz anerkannt[2].

A.   Bedeutung der Eigentumsgarantie

Wie jedes Grundrecht gilt auch die Eigentumsgarantie nicht schrankenlos. Bereits Art. 26 Abs. 2 BV spricht davon, dass Enteignungen und Eigentumsbeschränkungen und damit durchaus schwerwiegende Eingriffe möglich sind. Art. 36 BV nennt die Voraussetzungen, die aus der Sicht des Verfassungsgebers für jeden Eingriff in verfassungsmässige Rechte erfüllt sein müssen:

- Es ist eine gesetzliche Grundlage nötig. Unter dem Vorbehalt der Abwehr ernster, unmittelbarer und nicht anders abwendbarer Gefahren ist für schwerwiegende Einschränkungen eine Grundlage im Gesetz selbst nötig.
- Solche Eingriffe müssen durch ein öffentliches Interesse oder durch den Schutz von Grundrechten Dritter gerechtfertigt sein.
- Das Prinzip der Verhältnismässigkeit muss gewahrt sein.
- Der Kerngehalt des Grundrechtes darf nicht angetastet werden.

Übertragen auf die Eigentumsgarantie sind namentlich folgende Wesenselemente zu beachten, die durch Eigentumsbeschränkungen nicht verletzt werden dürfen:

1.   Institutsgarantie

Diese verbietet es dem Gesetzgeber, Eingriffe in das Eigentum vorzunehmen, welche die zentralen Nutzungs- und Verfügungsrechte, die sich unmittelbar aus dem Eigentum ergeben, vom Grundsatz her in Frage stellen[3]. Die Institutsgarantie wäre etwa dann verletzt, wenn eine politisch motivierte, generelle Enteignung privaten Bodens oder die Erhebung generell konfiskatorisch wirkender Steuern zur Diskussion stände. In unserem noch immer liberalen Prinzipien verpflichteten Rechtsstaat sind solche Eingriffe zur Zeit kaum aktuell.

---

[2]   JAGMETTI, Entstehungsgeschichte/Materialien zu Art. 22^{quater}.
[3]   MÜLLER, Art. 22ter N. 12 ff.

2.   Bestandesgarantie

Die Bestandesgarantie bietet Schutz des Vermögensbestandes gegenüber staatlichen Eingriffen. Der Eigentümer hat ein Recht darauf, sein Eigentum zu behalten, zu nutzen und darüber zu verfügen; er kann verlangen, dass der Staat seine vermögenswerten Rechte im Grundsatz unangetastet lässt[4, 5]. Die Eigentumsgarantie lässt es allerdings nicht als gesichert erscheinen, dass etwa ein Grundstück dauernd bestmöglich ausgenutzt werden kann; mit Änderungen zum Beispiel im zulässigen Nutzungsmass oder in der zulässigen Nutzungsart muss der Eigentümer grundsätzlich rechnen, solange er von der Liegenschaft noch einen bestimmungsgemässen Gebrauch machen kann[6].

3.   Wertgarantie

Soweit im Sinne von Art. 36 BV zulässige Eigentumsbeschränkungen zu dulden sind, besteht ein Entschädigungsanspruch[7]. Dabei ist allerdings zu beachten, dass entgegen einer weit verbreiteten Ansicht nicht jede Wertdifferenz auszugleichen ist. Voraussetzung ist vielmehr, dass entweder formell der Entzug von Eigentum oder mit dem Eigentum verbundener Rechtsansprüche stattfindet, oder eben eine „Eigentumsbeschränkung, die einer Enteignung gleichkommt", vorliegt. Der zweitgenannte Tatbestand kann erfüllt sein, wenn dem Eigentümer eine „wesentliche aus dem Eigentum fliessende Befugnis entzogen" wird[8].

B.   Rechtsgrundlagen für den Flughafenbetrieb

Der Flug(hafen)betrieb ist in der eidgenössischen Luftfahrtgesetzgebung detailliert reglementiert. Im vorliegenden Zusammenhang sind vor allem die Bestimmungen über das Betriebsreglement von Bedeutung. Nach Art. 25 der Verordnung über die Infrastruktur der Luftfahrt (VIL) ist namentlich vorgeschrieben, dass ein Lärmbelastungskataster und ein Sicherheitszonenplan festzusetzen sind.

---

4   VALLENDER, Art. 26 N. 27.
5   Als Ausfluss der Bestandesgarantie erscheint etwa auch die Vorschrift von § 357 PBG, wonach Bauten und Anlagen, die neueren Bauvorschriften widersprechen, immer noch genutzt und auch in bestimmtem Rahmen verändert werden dürfen.
6   BGE 123 II 481 E. 6d.
7   VALLENDER, Art. 26 N. 28.
8   Vgl. dazu hinten III.B.

Eine analoge Verpflichtung ergibt sich auch aus dem Umweltrecht. Nach Art. 37 der Lärmschutz-Verordnung (LSV) ist u.a. für Flugplätze ein Lärmbelastungskataster zu erstellen, der nach geltendem Recht für die Abgrenzung und Erschliessung von Bauzonen, für die Erteilung von Baubewilligungen und für die Anordnung von Isolationsmassnahmen (behördenverbindliche) Wirkung hat[9, 10].

C. Mögliche Auswirkungen von Fluglärmbelastungen

Fluglärmbelastungen werden zunächst einmal als unmittelbare Immissionen empfunden. Gegen solche Beeinträchtigungen bestehen an sich Abwehrrechte im Sinne von Art. 679 und 684 ZGB. Soweit entsprechende Ansprüche ein Werk im überwiegenden öffentlichen Interesse gefährden würden, sind sie formell (und entschädigungspflichtig) zu enteignen[11].

Abgesehen vom Empfinden des (ärgerlichen, lästigen oder gar schädlichen) Lärms als solchem kann dieser – je nach Intensität – unmittelbar oder mittelbar einschneidende Auswirkungen haben[12]:

- Art. 22 Abs. 1 des Umweltschutzgesetzes (USG) bestimmt, dass neue Gebäude mit Räumen für den längeren Aufenthalt von Personen nur erstellt werden dürfen, wenn die sog. Immissionsgrenzwerte nicht überschritten werden. Deshalb kann eine (neue) Lärmbelastung dazu führen, dass ein bisher überbaubares Grundstück unüberbaubar wird.

- Nach Art. 30 LSV dürfen noch nicht erschlossene Bauzonen nur erschlossen werden, wenn die Lärmimmissionen die Planungswerte nicht überschreiten. Neue Lärmbelastungen können daher direkt dazu führen, dass für die Erschliessung von Bauzonen nötige Massnahmen planerischer oder tatsächlicher Art nicht mehr zulässig sind, was ebenfalls zur Unüberbaubarkeit eingezonten Landes führen kann.

- Die Lärmbelastung kann dazu führen, dass sich die Planungsbehörden dazu veranlasst sehen, „fluglärmgerecht" zu planen und z.B. bisher eingezontes Land auszuzonen oder aber einer Zone mit einer weniger lärmempfindlichen Nutzweise zuzuweisen.

---

9   BGr 1A.21/2003 vom 29.9.2003 = URP 18/2004, 165 ff.
10 In BGE 126 II 522 ff. hat das Bundesgericht das mit der Konzession für das Dock Midfield vorgesehene Schallschutzkonzept aus materiellen Gründen aufgehoben und sodann mangels gesetzlicher Grundlage beanstandet, dass diesem gemäss Entscheid des UVEK eigentümerverbindliche Wirkung hätte zugesprochen werden sollen (E. 49).
11 BGr 1A.21/2003 vom 29.9.2003 = URP 18/2004, 165 ff.
12 BGE 126 II 522.

Es liegt auf der Hand, dass die Grundeigentümer in erster Linie ein Interesse daran haben müssen, Anordnungen mit derartigen Folgen abzuwenden. Sie werden daher zunächst einmal zu prüfen haben, ob sie sich gegen die solche Auswirkungen zeitigenden Massnahmen zur Wehr setzen können. Im Rahmen solcher Verfahren wäre dann auch zu prüfen, ob die für die Eingriffe in das Eigentum nötigen Voraussetzungen (gesetzliche Grundlage, kein Verstoss gegen Kerngehalt, öffentliches Interesse, Verhältnismässigkeit) erfüllt sind. Dafür stehen etwa die Rechtsmittel der Einsprache gegen ein zu Immissions-belastungen führendes Betriebsreglement[13], der Projekteinsprache[14] (z.B. gegen Pistenbauten) oder des Rekurses gegen raumplanerische (kantonalrechtliche) Anordnungen zur Verfügung.

Von solchen Rechtsmittelverfahren zu trennen ist die Frage der Entschädigungspflicht[15]. Nur wenn solche Schritte unterlassen werden oder erfolglos bleiben, werden die Betroffenen in Erwägung zu ziehen haben, ob sie sich auf dem Entschädigungsweg schadlos halten können[16].

III. Entschädigungspflicht

A. Regelfall

(Rechtmässige) Eigentumsbeschränkungen sind in der Regel entschädigungslos zu dulden. Zu solchen Massnahmen gehören etwa bau- und planungsrechtliche Vorschriften; das selbst dann, wenn sie zu einem nennenswerten Nutzungsverlust führen.

Zu den rechtmässigen Eigentumsbeschränkungen, die in der Regel entschädigungslos hinzunehmen sind, gehören auch diejenigen, die der polizeilichen Gefahrenabwehr dienen. Im Zusammenhang mit dem Flugbetrieb wären etwa lärmrechtlich begründete Bauverbote zu nennen. Eine Besonderheit liegt dabei allerdings darin, dass solche Beschränkungen nicht wie üblich[17] gegen den Störer gerichtet sind. Hier richten sich die Vorschriften an die Betroffenen, denen eben deshalb eine gewisse Nutzung untersagt wird, weil andere

---

[13]   Art. 36d Abs. 4 LFG.
[14]   Art. 37f LFG.
[15]   BGE 114 Ib 340.
[16]   HÄFELIN/MÜLLER, Rz. 2163.
[17]   BGr, ZBl 92/1991, 557 ff.; vgl. dazu auch DILGER 477 und HESS/WEIBEL, Band II, Art. 22ter N. 50.

mit dem Fluglärm eine nicht abwendbare Störung verursachen. Man wird daher die sich aufgrund einer (neuen) Fluglärmbelastung direkt aus der Umweltschutzgesetzgebung ergebenden und im Interesse des Flugbetriebs unumgänglichen Nutzungsbeschränkungen als grundsätzlich entschädigungspflichtigen Tatbestand betrachten müssen[18]. Hier müssen ähnliche Überlegungen gelten wie im Bereich des Gewässerschutzes, wo Eigentümern ein Entschädigungsanspruch zugestanden wird, wenn ihnen erhebliche Nutzungsbeschränkungen etwa zur Sicherung von öffentlichen Grundwasservorkommen auferlegt werden[19].

B. Materielle Enteignung im Besonderen

Da die Auswirkungen des Flugverkehrs – abgesehen vom Entzug der Abwehrrechte – das Eigentum nicht direkt tangieren, kommen als Ausgleich mangels anderer gesetzlicher Vorschriften nur Ansprüche aus materieller Enteignung im Sinne von Art. 26 Abs. 2 BV in Frage.

1. Begriff

Eine Eigentumsbeschränkung kommt dann einer Enteignung i.S.v. Art. 26 Abs. 2 BV[20] gleich, „wenn einem Eigentümer der bisherige oder ein voraussehbarer künftiger Gebrauch seines Grundeigentums untersagt oder besonders stark eingeschränkt wird, weil ihm eine aus dem Eigentumsinhalt fliessende wesentliche Befugnis entzogen wird. Geht der Eingriff weniger weit, so kann ausnahmsweise eine Eigentumsbeschränkung einer Enteignung gleichkommen, falls ein einziger oder einzelne Grundeigentümer so betroffen werden, dass ihr Opfer gegenüber der Allgemeinheit unzumutbar erschiene und es mit der Rechtsgleichheit nicht vereinbar wäre, wenn keine Entschädigung geleistet würde" (Sonderopfer)[21]. Die Möglichkeit einer besseren Nutzung resp. des voraussehbaren künftigen Gebrauchs ist nur zu berücksichtigen, wenn im massgebenden Zeitpunkt anzunehmen war, ein entsprechendes Vorhaben lasse sich mit hoher Wahrscheinlichkeit in naher Zukunft verwirklichen[22].

[18] Dazu auch HÄFELIN/MÜLLER, Rz. 2211.
[19] BGE 106 Ib 330; Pra 1981 Nr. 112.
[20] Eine gleichlautende Bestimmung ist auch in Art. 5 Abs. 2 RPG enthalten.
[21] Vgl. dazu auch RIVA 113 ff.
[22] BGr, ZBl 94/1993, 251 ff., E. 5b.

Es sind letztlich Gedanken der Rechtsgleichheit, die im Lauf der Zeit zum zunächst allein durch die Praxis entwickelten Institut der materiellen Enteignung geführt haben. Ein nicht vom förmlichen Entzug des Eigentums, aber von einer (annähernd) gleich schwer wiegenden Eigentumsbeschränkung betroffener Eigentümer soll nicht schlechter gestellt werden als derjenige, der von einer förmlichen Enteignung betroffen ist[23].

Zu beachten ist, dass nicht nur definitive, auf Dauer angelegte Anordnungen eine materielle Enteignung darstellen können. Lange dauernde Blockierungen von Planungen können auch schwerwiegende Auswirkungen haben. Es gelten diesbezüglich allerdings hohe Anforderungen; Bauverzögerungen von mehreren Jahren, die sich wegen planerischer Unsicherheiten ergeben haben (z.B. Sistierungen von Quartierplanverfahren, Planungszonen) lösen in der Regel keinen Entschädigungsanspruch aus[24].

2. Entwicklung der Gerichtspraxis

Es ist unverkennbar, dass sich die Praxis zur materiellen Enteignung in den letzten Jahren und Jahrzehnten markant verschärft hat.

Bereits anfangs der 70er Jahre des letzten Jahrhunderts wurde festgehalten, dass auch massive Abzonungen ohne Entschädigung möglich seien[25]. Nach heutiger Praxis führen Nutzungsverluste in der Grössenordnung von einem Drittel von Vorneherein nicht zur Entschädigungspflicht[26], nach neuerer Praxis kann die Grenze noch höher liegen[27].

Eine reiche Praxis gibt es zu diesem Thema im Zusammenhang mit nach altem Recht eingezonten Grundstücken, die nach den neuen Planungsgrundsätzen, wie sie seit dem Inkrafttreten des eidg. Raumplanungsgesetzes von 1979 (RPG) zu beachten sind, aus dem Baugebiet entlassen worden sind. Während in der Vor-RPG-Zeit als Voraussetzung einer materiellen Enteignung die Eignung eines Grundstücks zu Bauzwecken im Bereich einer deutlichen Bauentwicklung genügte, ohne dass bereits förmliche Baulandqualität vorhanden zu sein hatte[28], wurde mit dem später ins Spiel gebrachten Begriff

---

23   HESS/WEIBEL, Band II, Art. 22ter N. 44.
24   BGE 123 II 481 E. 9 f.
25   BGE 97 I 632; in diesem Entscheid stand eine – entschädigungslose – Verminderung der zulässigen Ausnützung auf 1/3 des bisherigen Masses (das aber im fraglichen Gebiet kaum ausgenützt worden war) zur Diskussion. Die Annahme eines Sonderopfers wurde abgelehnt, weil eine Vielzahl von Eigentümern (32) in gleicher Weise davon betroffen waren.
26   BGr, ZBl 85/1984, 366 ff.
27   RB 1997 Nr. 118.
28   BGE 98 Ia 381 E. 3 ff.

der – weitgehend entschädigungslos hinzunehmenden – Nichteinzonung eine deutliche Verschärfung eingeführt.

Von einer solchen Nichteinzonung spricht man seither zunächst immer dann, wenn materielle Anpassungen der bisherigen örtlichen Bau- und Zonenordnungen an die Anforderungen des RPG als nötig erachtet werden[29]. Altrechtliche Bauordnungen haben zunächst häufig deshalb nicht als bundesrechtskonform und daher als anpassungsbedürftig gegolten, weil sie nicht genügend klar zwischen Baugebiet und Nichtbaugebiet unterschieden haben[30] oder weil sie eine viel zu grosse, mit dem 15-Jahreshorizont von Art. 15 lit. b RPG nicht vereinbare Baulandfläche erfasst haben[31]. Wenn „Nichteinzonungen" auf solche Ursachen zurückzuführen sind, müssen sie nach heutiger bundesgerichtlicher Auffassung grundsätzlich entschädigungslos hingenommen werden, wobei für diese Qualifikation zunächst materielle Kriterien entscheidend waren.

Nach neueren Entscheiden ist es für die Frage, ob eine Zuweisung zur Landwirtschafts- oder Freihaltezone als Nichteinzonung zu betrachten sei, nicht einmal mehr entscheidend, ob die frühere Bauordnung den materiellen Grundsätzen des RPG entsprochen hat. Nunmehr genügt der Umstand, dass gewisse verfahrensrechtliche Unterschiede zwischen der alten und neuen Ordnung bestehen; hier sind vor allem die in Art. 4 RPG erwähnten Mitwirkungsrechte der Bevölkerung von Bedeutung[32]. Diese neue Praxis hat vor allem für Eigentümer von neu der Freihaltezone zuzuweisendem Land etwa in der Stadt Zürich weitreichende Konsequenzen: Die – wohl zu bejahende – Frage, ob etwa der Zonenplan von 1963 den materiellen Kriterien des RPG entsprach, muss danach gar nicht mehr gestellt werden, da seinerzeit andere Verfahrensvorschriften galten.

Die Differenzierung zwischen (in der Regel) nicht entschädigungspflichtiger Nichteinzonung und Auszonung wurde bisher bei der „erstmaligen" Aufstellung RPG-konformer Planungen vorgenommen. Es ist aber unverkennbar, dass es für Planungsträger verlockend sein kann, eine entsprechende Ausweitung vorzunehmen. In einem neueren Entscheid hat das zürcherische Verwaltungsgericht allerdings klar festgehalten, dass es nur gerechtfertigt sei, die ohnehin nicht begriffslogisch begründbare Einschränkung der Entschädigungspflicht auf erstmalige RPG-konforme Zonierungen anzuwenden[33]. Ob es dabei bleibt, wird sich weisen müssen.

---

[29]   BGE 112 Ib 396 E. 5; 114 Ib 100; 114 Ib 301.
[30]   BGr, ZBl 86/1985, 211 ff.; RB 1992 Nr. 92.
[31]   BGE 118 Ib 341 E. 3c.
[32]   BGE 123 II 481 E. 6c; BGr 1A.72/2003 vom 4.11.2003, E. 3.
[33]   VR 2003.00001 in BEZ 2004 Nr. 12.

Da wohl alle Flughafengemeinden inzwischen eine sowohl den materiellen wie auch den formellen Anforderungen des RPG entsprechende Bau- und Zonenordnung haben, dürfte die Unterscheidung zwischen Nichteinzonung und Auszonung im vorliegenden Zusammenhang nicht von entscheidender Bedeutung sein. Erwähnenswert ist sie hier aber vor allem wegen der vom Bundesgericht angeführten Begründung: Es wird nämlich ins Feld geführt, dass bei einer andern Interpretation den Planungsbehörden – wohl vor allem wegen der sonst damit verbundenen Kostenfolgen – die Umsetzung der neuen verfassungsrechtlichen und raumplanungsgesetzlichen Prinzipien verunmöglicht oder über Gebühr erschwert würde.

Diese Haltung mag aus praktischen Gründen verständlich sein, aus rechts-staatlicher Sicht ist sie indessen fragwürdig. Damit geben die Gerichtsinstanzen ja letztlich der Auffassung Ausdruck, dass ein verfassungsmässiges Grundrecht nur zu beachten sei, wenn es die Umsetzung von (neuen) planerischen Prinzipien nicht allzu sehr behindert. Sollte es dabei bleiben, könnte dies wohl bald auch als Freipass für einen nicht durch Eigentumsansprüche Dritter zu behindernden Flugverkehr dienen, denn ebenso wie der Raumplanung kommt diesem gemäss Art. 87 BV durchaus eine verfassungsrechtliche Bedeutung zu. Es ist allerdings zu hoffen, dass diese Befürchtung zu weit greift, das nicht zuletzt deshalb, weil im Zusammenhang mit dem Flughafen Entscheide über wichtige Vorfragen ergangen sind, die durchaus eigentümer-freundliche Ansätze erkennen lassen[34]. Konkrete Entschädigungen sind allerdings meines Wissens noch nicht gesprochen worden.

C.   Voraussetzungen der Entschädigungspflicht

Voraussetzung, dass sich aufgrund einer (zusätzlichen) fluglärmbedingten planerischen Massnahme die Frage der materiellen Enteignung überhaupt stellen kann, wird daher sein müssen, dass das betroffene Land RPG-konform einer Bauzone zugewiesen ist.

Soweit sich diese Frage im Zusammenhang mit Änderungen des Abflugregimes und der daraus entstehenden neuen Lärmbelastungen stellt, dürfte diese Voraussetzung in der Regel gegeben sein, da wohl alle betroffenen Gemeinden, wie bereits erwähnt, inzwischen RPG-konforme Bau- und Zonenordnungen haben.

Wenn in dieser Situation der Lärmproblematik nicht durch Auszonung, sondern durch Zuweisung zu einer weniger lärmempfindlichen Zone begegnet

---

[34]   BGE 126 II 522 ff.; BGE 130 II 394 ff.

wird, wird allerdings kaum je eine Entschädigungspflicht angenommen werden können, weil man ja gerade dadurch sicherstellen will, dass noch immer eine „wirtschaftlich sinnvolle" Nutzung möglich bleibt[35]. Desgleichen wird bei überbauten Grundstücken kaum je ein entsprechender Anspruch durchgesetzt werden können, weil auch bei zunehmendem Fluglärm die bisherige Nutzung weiterhin möglich bleibt[36].

Wenn demgegenüber ein fluglärmbedingtes (direktes oder indirektes) Bauverbot auf ordnungsgemäss eingezontem Land zur Diskussion steht, wird man von der grundsätzlichen Entschädigungspflicht ausgehen müssen.

Unter dem Aspekt der Voraussehbarkeit des künftigen Gebrauchs ist auch die Frage zu prüfen, ob das Grundstück neben der RPG-konformen Zonenzuweisung bereits erschlossen sein müsse. Wenn die nötige Erschliessung tatsächlich gegeben ist oder zumindest aus eigener Kraft verwirklicht werden kann, dürften die Anforderungen an sich erfüllt sein; wenn hingegen noch erhebliche Anlagen der Groberschliessung zu erstellen sind oder etwa ein Quartierplanverfahren durchzuführen ist, dürfte es nach der derzeitigen Praxis eher fraglich sein, ob eine Entschädigungspflicht durchgesetzt werden kann[37].

Da sich der Fluglärm grossflächig ausbreitet, ist es schwer vorstellbar, dass sich eine Entschädigungspflicht mit dem Argument, der Ansprecher erleide ein Sonderopfer, durchsetzen lässt. Dabei gilt es zudem zu beachten, dass in einem neuesten Entscheid die Anforderungen an den Sonderopfertatbestand so weit erhöht wurden, dass sich unter diesem Aspekt die Entschädigungsvoraussetzungen kaum mehr von den „normalen" Fällen unterscheiden[38].

D.   Quantitativ

Nach dem klaren Wortlaut der Bundesverfassung ist die „volle Entschädigung" zu leisten. Massgebend ist dabei der Wert des betroffenen Grundstücks am sog. Stichtag, d.h. am Tag des Inkrafttretens der Eigentumsbeschränkung[39].

---

[35] Das Bundesgericht hat im Entscheid BGE 121 II 317 = Pra 1996 Nr. 165 in den E. 12 f. die Zuweisung eines Grundstücks zur Fluglärmzone C, in der die Erstellung von neuen Wohnhäusern ohne Schallschutz nicht zulässig ist, nicht als derart schweren Eingriff taxiert, dass von einer materiellen Enteignung gesprochen werden könne.

[36] Dazu Pra 2001 Nr. 146 E. 5.

[37] BGE 106 Ia 369, 122 II 455.

[38] BGr 1A.72/2003 vom 4.11.2003, E. 4.5.2.

[39] BGr, ZBl 102/2001, 550 ff.

Dabei sind bei den Grundbuchämtern sog. Vergleichspreise zu erheben, aus denen ein Referenzpreis abgeleitet und von dem der sog. Restlandwert für die verbleibende landwirtschaftliche Nutzung abgezogen wird.

E.   Verhältnis zur Immissionsabwehr

Die bundesgerichtliche Rechtsprechung stellt hohe Anforderungen für Entschädigungsforderungen sowohl wegen formeller wie wegen materieller Enteignung. Die materiellen Voraussetzungen sind allerdings nicht deckungsgleich, weshalb davon auszugehen ist, dass an sich konkurrierende Ansprüche gegeben sein können[40]. Man wird allerdings ohne weiteres davon auszugehen haben, dass man sich das, was unter dem einen Titel durchgesetzt werden kann, bei dem mit dem andern Titel begründeten Anspruch anrechnen lassen muss. Es gilt auch hier, dass der Schaden höchstens einmal ersetzt werden muss[41].

F.   Legitimation

Der Entschädigungsanspruch aus materieller Enteignung ist wie derjenige aus formeller Enteignung vermögensrechtlicher Natur. Massgebend ist die Eigentümereigenschaft am Stichtag; forderungsberechtigt ist unter Vorbehalt der Zession entsprechender Ansprüche auch nach einer Veräusserung der Eigentümer am Stichtag[42]. Der spätere Käufer hat sich zulasten des Verkäufers schadlos zu halten[43].

Umgekehrt ist die Entschädigungsforderung an das die Eigentumsbeschränkung anordnende Gemeinwesen respektive an den entsprechenden Werkträger zu richten[44, 45].

---

[40] BGE 123 II 481 E. 7; BGE 130 II 394 E. 8.1 ff.
[41] BGE 130 II 394 E. 9.1.
[42] RB 1988 Nr. 91.
[43] RB 1999 Nr. 165.
[44] BGE 123 II 481 ff., 485.
[45] EYMANN 570.

G. Verjährung

Die Fälligkeit der Entschädigungsforderung ist abhängig vom Inkrafttreten der Eigentumsbeschränkung. Sie beträgt, wo nichts anderes bestimmt ist, 10 Jahre[46]. Die 10-Jahresfrist gilt ausdrücklich auch für kantonalrechtliche Ansprüche[47]. Für Ansprüche, die sich direkt auf die Luftverkehrsgesetzgebung stützen, ist demgegenüber eine 5-Jahresfrist zu beachten[48].

H. Verfahren

Spezielle Verfahrensvorschriften für die Behandlung von Ansprüchen aus materieller Enteignung finden sich weder im eidgenössischen noch im kantonalen Recht. Festzuhalten ist indessen, dass in beiden Rechtsbereichen entsprechende Ansprüche auch dann geltend gemacht werden können, wenn die der materiellen Enteignung zugrunde liegende Eigentumsbeschränkung nicht angefochten worden ist[49].

1. Bundesrechtliche Ansprüche

Soweit sich Ansprüche aus bundesrechtlichen Festlegungen ableiten lassen, sind, wo das in der Gesetzgebung ausdrücklich vorgesehen ist[50], die eidgenössischen Schätzungskommissionen zuständig. Das Enteignungsgesetz ist „sinngemäss anwendbar".

Wo keine solche Zuständigkeit gegeben ist – was man sich im vorliegenden Zusammenhang kaum vorstellen kann –, ist der Anspruch an das für die Eigentumsbeschränkung zuständige Departement zu richten. Der entsprechende Entscheid kann mit Verwaltungsgerichtsbeschwerde an das Bundesgericht weitergezogen werden[51].

---

[46] Pra 1986 Nr. 144; BGE 113 Ib 369.
[47] § 183ter EG ZGB.
[48] Art. 44 Abs. 3 LFG.
[49] KNAPP, Band II, Rz. 2271.
[50] Art. 44 LFG.
[51] KÖLZ/HÄNER 365; JAAG, Entschädigungsrecht 169 FN 116.

2. Kantonalrechtliche Ansprüche

Solche Ansprüche sind bei dem die Eigentumsbeschränkung anordnenden Gemeinwesen anzumelden, das gegebenenfalls das „in den §§ 32 ff. des Gesetzes über die Abtretung von Privatrechten vorgesehene Verfahren einzuleiten" hat[52]. Danach hat in erster Instanz die zuständige Schätzungskommission zu entscheiden, mit der Möglichkeit des Weiterzugs an das Verwaltungsgericht und das Bundesgericht.

Von Bedeutung ist in diesem Zusammenhang, dass seit dem Inkrafttreten des RPG die Verwaltungsgerichtsbeschwerde an das Bundesgericht offen steht, weil der Begriff der materiellen Enteignung auch in Art. 5 Abs. 2 RPG festgeschrieben ist. Das heisst insbesondere, dass nunmehr auch das Gemeinwesen das Bundesgericht anrufen kann. (Diese Möglichkeit hat dazu geführt, dass die frühere liberalere Praxis des zürcherischen Verwaltungsgerichts, wonach der Entschädigungsanspruch nur davon abhängig war, dass ein gefestigter Landwertverlust zu verzeichnen war, aufgegeben werden musste.)

---

[52] § 183ter EG ZGB.